Thomas Wieke
Alles kann anders kommen *jederzeit*

Thomas Wieke

Alles kann anders kommen
jederzeit

175 Jahre
Evangelisches Diakonissenhaus
Berlin Teltow Lehnin

Herausgegeben von
Evangelisches Diakonissenhaus Berlin Teltow Lehnin

1. Auflage 2016
© Verlag für Berlin-Brandenburg, Inh. André Förster
Binzstraße 19, D–13189 Berlin
www.verlagberlinbrandenburg.de

Umschlag: Stephanie Raubach, Berlin
Satz und Gestaltung: Ralph Gabriel, Wien
Gesamtherstellung: Thomas Schneider, Jesewitz
Druck und Bindung: Westermann Druck Zwickau GmbH, Zwickau
Printed in Germany

ISBN 978-3-945256-69-5

Inhalt

- **7** Das Evangelische Diakonissenhaus Berlin Teltow Lehnin im 175. Jahr
- **23** Der Anfang: Vom Frauen-Verein zum Magdalenenstift
- **61** Andere Zeiten
- **98** Erziehung oder Erweckung
- **109** Durch raue See
- **132** Im Schatten einer Grenze
- **147** Zwischen Isolation und Improvisation
- **170** Anmerkungen
- **173** Literaturnachweis
- **175** Bildnachweis

Das Evangelische Diakonissenhaus Berlin Teltow Lehnin im 175. Jahr

Vor 175 Jahren begann die Geschichte mit einem Frauen-Verein zur Besserung weiblicher Gefangener. Heute ist das Evangelische Diakonissenhaus Berlin Teltow Lehnin eine Stiftung bürgerlichen Rechts mit Sitz in Berlin. Die Stiftung bildet zusammen mit neun Gesellschaften den Unternehmensverbund Evangelisches Diakonissenhaus Berlin Teltow Lehnin. In den Bundesländern Berlin und Brandenburg hält das Haus umfangreiche Angebote in den Geschäftsfeldern Menschen mit Behinderung, Altenhilfe, Gesundheit und Bildung vor. Zentrale Aussage des aktuellen Leitbildes ist der Satz „Wir gehen Wege mit Menschen", der die Arbeit des Hauses über die vielen Jahre seines Bestehens zusammenfasst. Er gilt bis heute unverändert.

Blick von Süden auf das Teltower Mutterhaus

Neben der Kontinuität des Evangelischen Diakonissenhauses Berlin Teltow Lehnin im Ganzen prägt aber auch der beständige Wandel dessen Geschichte. Das gilt besonders für die Zeit nach 1990. Der Wechsel des politischen Systems, die Neuordnung der sozialen Arbeit und die gewandelten strukturellen und wirtschaftlichen Rahmenbedingungen stellten ganz neue Herausforderungen und eröffneten zugleich viele Chancen. Da ein Rückblick auf die jüngste Geschichte und eine Beurteilung dieser Entwicklungen in einer Chronik immer schwierig sind, sollen die wichtigsten Ereignisse seit der Wende nur mit Schlagworten beschrieben werden. Eine wertende Einordnung bleibt hingegen künftigen Chronisten überlassen.

Haus Kapernaum in Waltersdorf/Luckau

Wirtschaftliche Entwicklung – Kennzahlen

Die Einnahmen erhöhten sich von 13 Millionen DM im Jahr 1991 auf 154 Millionen EUR im Jahr 2015.

Die Zahl der besetzten Vollkräftestellen stieg von 272 Stellen auf 1877 im Jahr 2015.

Beide wirtschaftlichen Kennziffern belegen die stürmische Entwicklung des Diakonissenhauses in den letzten fünfundzwanzig Jahren.

In den Unternehmensverbund sind heute Einrichtungen mit ganz verschiedener Tradition integriert. Die Diakonissenmutterhäuser Kreuzburg/Oberschlesien (seit 1948), Lehnin (seit 2004) und Frankfurt (seit 2007) gehören dazu. Zudem wurden kommunale und privat-gewerbliche Einrichtungen aufgenommen. Auf ihre jeweils eigene bewegte Geschichte einzugehen, würde hier den Rahmen sprengen. Es sei in diesem Zusammenhang auf bereits vorhandene Publikationen verwiesen.[1]

Diakonissenhaus ohne Diakonissen?

Das Diakonissenhaus wurde in seiner Geschichte entscheidend durch die Diakonissen und ihren Einsatz geprägt, auch wenn die Einrichtung bereits vierzig Jahre bestand, bevor sich eine Diakonissenschwesternschaft nach dem Kaiserswerther Vorbild formierte. Wie in anderen Diakonissenhäusern auch hat sich in den letzten Jahrzehnten das Bild kontinuierlich verändert. Nach und nach gingen alle Diakonissen aus dem aktiven Dienst in den Feierabend.

2016 gehören in Teltow noch vierzehn Diakonissen dem Haus an, in Frankfurt (Oder) sind es fünf, in Lehnin sieben. Sie scheinen sich in der Gesamtzahl von 2 300 Mitarbeitern des Unternehmensverbundes Evangelisches Diakonissenhaus regelrecht zu verlieren. Es ist absehbar, dass in nicht allzu ferner Zukunft das Diakonissenhaus ohne Diakonissen auskommen muss. Das mag viele traurig stimmen, aber es ist nicht das Ende. Hat das Haus nicht auch von der Gründung an mehr als vier Jahrzehnte ohne Diakonissen auskommen müssen? Und hat es nicht dennoch seinen Weg gefunden? In der Präambel der Satzung steht ein Satz, der den Weg weist: „Wir folgen dem Auftrag Jesu Christi, Gottes Barmherzigkeit den Menschen in der Nähe und Ferne durch Wort und Tat weiterzugeben."

Im Jahr 2012 haben sich daher die beiden Gemeinschaften „Diakonissen" und „Diakonische Schwestern und Brüder" zu einer Gemeinschaft zusammengefunden. Kennzeichnend für diese Gemeinschaft sind nicht die Elemente der genossenschaftlichen Versorgung sowie der Verzicht auf Ehe und Familie, sondern die Ruf des Evangeliums, Gebet und Dienst für den Nächsten aktiv in einer Gemeinschaft leben zu wollen.

Die Diakonische Gemeinschaft Teltow will die Tradition der Diakonissen im Unternehmensverbund lebendig halten und dafür eintreten, dass das Diakonissenhaus ein „Diakonissenhaus" bleibt.

Der Basiskurs bei der Arbeit

Nach 175 Jahren wäre der Anlass des Jubiläums geeignet, eine Chronik ausschließlich der Erfolge zu verfassen. Es hieße aber die Leistungen aller, die in 175 Jahren zum Gelingen des Projekts beitrugen, gering zu schätzen, würde man die Geschichte so betrachten, als sei die „Diakonissensache" gleichsam spielerisch von Erfolg zu Erfolg geschwebt. Die vorliegende Chronik geht deshalb nicht nur auf das ein, was gelang, sondern zeigt auch Entwicklungen und Auseinandersetzungen auf, die nicht zum Erfolg führten.

175. Jahresfest 2016: (v.l.) Lutz Ausserfeld, Dr. Gundula Grießmann, Christoph W. Stange, Matthias Blume

Zeitleiste 1992–2015

1992
Januar: Übernahme einer Behinderteneinrichtung in Waltersdorf und einer Förderschule in Altgolßen – beide Landkreis Luckau
Februar: Fertigstellung Haus Mara/Wohnstätten Siloah Berlin
März: Dr. Rainer Bookhagen folgt Ulrich Scheel als Vorsteher, der nach über achtundzwanzigjähriger Tätigkeit in den Ruhestand tritt

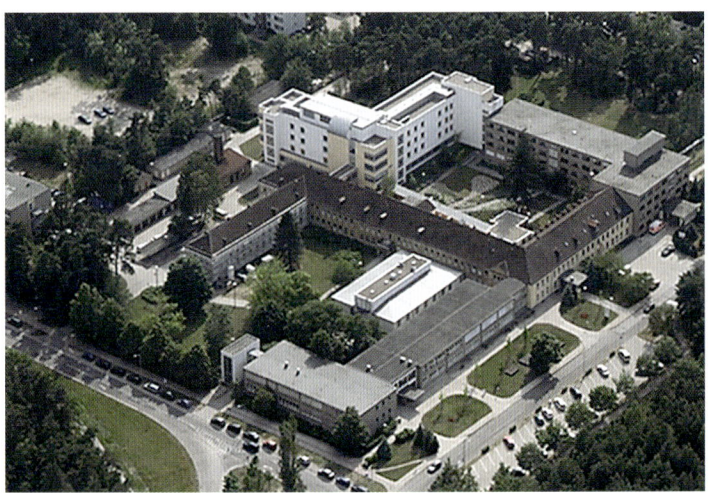

Krankenhaus Ludwigsfelde-Teltow

1993
März: Übernahme der Trägerschaft für das Kreiskrankenhaus Zossen mit seinen Standorten Zossen und Ludwigsfelde
April: Nach schnellen Wechseln in der Aufgabe des Verwaltungsleiters Dienstantritt Lutz Ausserfeld
Mai: Übernahme der Trägerschaft für das Kreiskrankenhaus Luckau

*Evangelisches
Krankenhaus Luckau*

1994
Vergabe Erbbaurecht zur Errichtung der Rehaklinik Seehof DRV
Juni: Schließung des Internats
September: Übernahme der Trägerschaft der Kindertagesstätte Nordpromenade/Luckau
Dezember: Schließung des Schwestern- und Erholungsheims in Altenbrak/Harz

1995
März: Dr. Manfred Stolpe verzichtet auf die erneute Kandidatur als Kuratoriumsvorsitzender; er bleibt allerdings dem Aufsichtsgremium erhalten. Kirchenrat Hans-Dietrich Schneider wird neuer Vorsitzender des Kuratoriums.
Dezember: Eröffnung einer Altenpflegeeinrichtung in Letschin/Oderbruch

*Dr . Manfred Stolpe,
Kuratoriumsvorsitzender*

1996

Januar: Übernahme der Trägerschaft für die bezirkliche Altenpflegeeinrichtung in der Wilhelm-Kuhr-Straße in Berlin-Pankow
Januar: Eröffnung einer Wohnstätte für Erwachsene mit geistiger Behinderung in Luckau
Mai: Eröffnung der Altenpflegeeinrichtung Haus Horeb in Teltow

Teltow: Haus Horeb im Bau – 1995

Mai: Eröffnung der Frühförder- und Beratungsstelle in Teltow
Juli: Beschluss einer neuen Stiftungssatzung durch das Kuratorium
September: Detlev Heering folgt Hans-Dietrich Schneider als Kuratoriumsvorsitzender
Oktober: Bezug der altengerechten Wohnungen in den Häusern Tabor und Nebo

1997

Januar: Berufung Lutz Ausserfeld zum Vorstandsmitglied und Verwaltungsdirektor
Februar: Eröffnung Haus Hebron/Wohnstätten Siloah Berlin
März: Eröffnung der Häuser Emmaus und Jericho für den Erwachsenenwohnbereich in Teltow

Berlin-Pankow: Wohnstätten Siloah

Juli: Die Altenpflegeeinrichtung Letschin wird als einzige ihrer Art wegen der Oderflut evakuiert und findet für zwei Wochen Aufnahme in Buckow/Märkische Schweiz

1998
Mai: Eröffnung Neubau Slawaer Weg in Luckau – Wohngemeinschaften

1999
März: Beginn eines dreijährigen Modellprojekts zur Versorgung Demenzkranker in der Altenpflegeeinrichtung Letschin
Juni: Veräußerung einer früher landwirtschaftlich genutzten Fläche südlich des Heinersdorfer Weges in Teltow für Einfamilien- und Reihenhausbebauung

2000
September: Reinhild Pursche, diakonische Schwester aus Görlitz, folgt Diakonisse Regina Köhler als Oberin und Vorstandsmitglied

Sr. Reinhild Pursche, Oberin und Detlev Heering, Kuratoriumsvorsitzender

2002

September: Eröffnung des Neubaus der Werkstatt für behinderte Menschen in Teltow

Oktober: Gründung der Evangelischen Ausbildungsstätte für Pflegeberufe in Brandenburg gGmbH

November: Schließung der Evangelischen Krankenhäuser Teltow und Zossen und Überführung in das Evangelische Krankenhaus Ludwigsfelde-Teltow nach Fertigstellung eines modernen Bettenhauses

Oberin Pfarrerin Barbara Killat

2003

Juli: Oberin Pfarrerin Barbara Killat, Lehnin, wird Vorstandsmitglied
August: Eröffnung der Wohnstätte Haus Kana in Teltow für Erwachsene mit geistiger Behinderung

Luise-Henrietten-Stift, Lehnin

2004

Januar: Zusammenführung des Diakonissenmutterhauses Luise-Henrietten-Stift in Lehnin mit dem Evangelischen Diakonissenhaus Berlin-Teltow und Etablierung einer fachlichen Gliederung der Stiftung in Geschäftsbereiche
März: Erwerb der Mehrheitsanteile der GZG-Gruppe mit Gesundheitszentrum Teltow und mehreren Altenhilfeeinrichtungen im Landkreis Potsdam-Mittelmark

Haus Magdala, Teltow

2005
März: Eröffnung eines Museums im Amtshaus Lehnin
August: Eröffnung der Zweigwerkstatt für behinderte Menschen in Werder (Havel)
September: Eröffnung der Wohnstätte für Kinder und Jugendliche mit geistiger Behinderung Haus Magdala in Teltow
September: Oberin Pfarrerin Barbara Killat, Lehnin, wechselt in eine neue Leitungsverantwortung nach Wetzlar/Altenberg

2006
Januar: Erwerb und Modernisierung der Grüber-Häuser in Berlin-Zehlendorf

Gerhard Zeitz,
Kuratoriumsvorsitzender

Januar: Gerhard Zeitz folgt Detlev Heering als Kuratoriumsvorsitzender
Januar: Der Unternehmensverbund soll künftig auf Grundlage einer strategischen Gesamtplanung rechtsformunabhängig gesteuert werden
September: Eröffnung des Neubaus für die Fachschule in Teltow

Lutherstift Frankfurt (Oder)

2007
Januar: Aufnahme der Lutherstift gGmbH in Frankfurt (Oder) und Seelow in den Unternehmensverbund
Juni: Dr. Rainer Bookhagen wird aus dem Dienst als Vorsteher verabschiedet

Verabschiedung des langjährigen Vorstehers Dr. Rainer Bookhagen, 2007

Pastor Dr. Johannes Feldmann

Juli: Dr. Johannes Feldmann wird neuer Interims-Vorsteher
Dezember: Christoph W. Stange wird neuer Kuratoriumsvorsitzender

2008
Juli: Schließung des Schulstandorts Altgolßen

2009
April: Dienstbeginn Matthias Blume als Vorsteher
August: Eröffnung der Evangelischen Grundschule in Teltow
August: Erwerb des Altenhilfezentrums „Mückenberger Ländchen" in Lauchhammer

2010
Juni: Fertigstellung Neubau Altenpflegezentrum Albert-Schweitzer-Haus, Teltow

2011
September: Aufnahme der eigenen Trägerschaft für das „Freiwillige Soziale Jahr" und den „Bundesfreiwilligendienst"

2012

März: Eröffnung der Sporthalle für die Grund- und die Förderschule in Teltow

April: Eröffnung des Hospizes Potsdam in Trägerschaft einer eigenen, mit der Hoffbauer-Stiftung gegründeten Gesellschaft auf Hermannswerder

Eröffnung Evangelische Ursula-Wölfel-Grundschule, Teltow

April: Fertigstellung des Neubaus für die Evangelische Grundschule, Teltow

Oktober: Beschluss des Kuratoriums zur grundlegenden Neufassung der Stiftungssatzung – Inkrafttreten zum 1. Januar 2013

2013

März: Verabschiedung in den Ruhestand von Oberin Sr. Reinhild Pursche

April: Dienstbeginn für Schwester Dr. Gundula Grießmann als Personalvorstand und Oberin

Dezember: Umzug der Ausbildungsstätte für Pflegeberufe von Kloster Lehnin nach Kleinmachnow

2015

Juni: Fertigstellung des Fachraumtrakts für Grund- und Förderschule, Teltow
Juli: Übertragung der Alten- sowie Behindertenhilfe-Einrichtungen des Lutherstifts auf die Stiftung
Oktober: Eröffnung Schulsportplatzes, Teltow

Jahresfest – Trommelgruppe aus den Wohnstätten Siloah

Der Anfang: Vom Frauen-Verein zum Magdalenenstift

„Tief ist der Brunnen der Vergangenheit", raunt Thomas Mann zu Beginn seiner Josephs-Tetralogie seinen Lesern zu. „Sollte man ihn nicht unergründlich nennen?" Bei Thomas Mann lief es nach solch einer Einleitung auf vier Bände hinaus. So hart wird es den Leser hier nicht treffen. Indes: Auch die Geschichte des Diakonissenhauses Teltow hat eine Vorgeschichte. Und vor der wiederum laufen verschiedene Stränge, teils offen, teil unübersichtlich miteinander verknäult, auf jenen Punkt zu, an dem sie sich zur Vorgeschichte vereinigen, die von Berlin, Hirschelstraße 23, nach Teltow, Lichterfelder Allee 45, führt, wo die eigentliche Geschichte des heute noch bestehenden Gebäudekomplexes Evangelisches Diakonissenhaus Berlin Teltow Lehnin beginnt.

Bei einem geschichtlichen Rückblick aus der Entfernung von 175 Jahren ist es nicht auszuschließen, dass man die Kenntnisse über das Gewordene auf das Werden zurückprojiziert. Daran haftet zunächst nichts Negatives. Zumindest nicht, solange man sich davor hütet, die endlich erfolgreiche Geschichte einer Institution als geradlinige, konfliktfreie Erfolgsgeschichte zu erzählen.

Beginen und Begarden

Die Wiedererweckung der Diakonie aus dem Geist des Evangeliums durch Theodor Fliedner hatte Vorläufer: die Gemeinschaften der Beginen (Frauen) und Begarden (Männer), die sich im Hochmittelalter im westlichen Mitteleuropa bildeten. „Gegen Ende des 12. Jahrhunderts siedeln sich

Beginen – Mulieres religiosae – in der Nähe existierender Hospitäler an", schreibt Gabriele Witt in ihrer Arbeit über die Beginenhäuser des Mittelalters. „Dem christlichen Ideal der Caritas folgend, pflegen sie Kranke und Sterbende in selbstlosem Dienst in freiwilliger Armut am notleidenden Nächsten. Aus diesen meist unregulierten Gemeinschaften gehen Bruderschaften und Beginengemeinschaften hervor. Sie bildeten keinen Orden. Ohne jemals ortsübergreifende Organisationsstrukturen zu entwickeln, der lokalen Kirchengemeinde, dem Bischof oder in manchen Fällen direkt dem Papst unterstellt, verbreitet sich das Beginenwesen ab dem 13. Jahrhundert entlang dem Rhein bis in die Schweiz, westlich bis Frankreich und östlich des Rheins bis nach Polen."[2]

Nach heutigem Wissen entstand kurz vor 1200 der erste Beginenkonvent. Viele der frühen Beginen, von denen wir wissen, wandten sich der Pflege Leprakranker zu. Die Konvente waren fromme Hospitalgemeinschaften, sie waren abgeschieden von der „sündigen Welt", aber nicht – im monastischen Sinne – abgekehrt von ihr. Im Gegenteil: Sie wirkten mit ihrem barmherzigen Tun in die Welt hinein, damit kehrten die ersten Beginen die übliche Richtung des frommen, Gott zugewandten Lebens geradezu um.[3]

„Die Beginen haben sich nicht vollständig vom weltlichen Leben zurückgezogen, gaben ihre weltlichen Güter nicht auf und legten keine Gelübde ab, sondern ein Gelöbnis auf Keuschheit während des Lebens in der Gemeinschaft, die Verpflichtung auf deren Statuten sowie Gehorsam gegenüber der vorstehenden Meisterin. Die individuelle Entscheidungsfreiheit blieb jeder Frau erhalten. Sie konnte die Gemeinschaft wieder verlassen, musste ihr jedoch einen Teil ihres Besitzes übertragen. Dafür gewährten die Solidargemeinschaften jeder Frau nach einer bestimmten Zeit des Aufenthalts Krankenversorgung sowie Unterhalt durch die Gemeinschaft im Bedarfsfall."[4]

Mit diesem eigenständigen Status der Beginen kam der männlich dominierte Klerus nur schwer zurecht. Unab-

Das „Klösterle" – früheres Beginenhaus in Bad Cannstatt

hängigkeit statt Unterwerfung war seinerzeit eine Denkunmöglichkeit. Im 14. Jahrhundert waren Beginen zunehmend klerikaler Verfolgung ausgesetzt, etwa wegen angeblichen pantheistischen Ketzertums. Beginen mussten sich entweder dem Franziskanerorden unterwerfen oder sie hatten mit drakonischen Strafen wie Verbrennung und Einmauerung zu rechnen. Beginenhäuser werden im schwäbischen Raum bis heute „Klösterle" genannt, als wollte der Volksmund ausdrücken, sie seien so etwas Ähnliches wie ein Kloster gewesen – aber eben kein richtiges.

Im Laufe des 15. Jahrhunderts verschwanden die Beginengemeinschaften nach und nach aus dem damaligen Reichsgebiet – in Norddeutschland mehr oder weniger vollständig im Zuge der Reformation. Nur in Flandern, dem Ursprungsgebiet des Beginentums, bestanden die Gemeinschaften und Häuser weiter – zum Teil bis in die Gegenwart. Am 13. April 2013 starb, 92-jährig, Marcella Pattyn, die letzte Begine in einem Altersheim in Kortrijk – mit ihr starb ein Stück Weltkulturerbe, denn damit endete eine über 800-jährige Tradition.[5]

Das protestantische Preußen

Das Königreich Preußen war im Lauf seiner Geschichte ein multikultureller und multireligiöser Staat. Aber selbst innerhalb der mehrheitlich evangelischen Territorien gab es kein einheitliches Bekenntnis; hier existierten reformiertes und lutherisches Bekenntnis nebeneinander. Reformiert waren vor allem die zugewanderten Hugenotten, die Bewohner des Niederrheins, des Siegerlandes und des Herzogtums Berg – und das Herrschergeschlecht der Hohenzollern selbst, lutherisch war die Mehrheit der Bevölkerung Brandenburgs, Pommerns und Ostpreußens. König Friedrich Wilhelm III. (1770–1840) kam zu der Überzeugung, dass ein fortgesetztes Nebeneinander, ja Gegeneinander zweier evangelischer Bekenntnisse im preußischen Gesamtstaat unzeitgemäß geworden sei. Als „summus episcopus", der die Leitungsgewalt der evangelischen Kirchen Preußens innehatte, verordnete er am 27. September 1817 die Vereinigung der beiden Richtungen zur Unierten Kirche (1922–1953 Evangelische Kirche der altpreußischen Union, 1953–2003 Evangelische Kirche der Union, seither Union Evangelischer Kirchen). In Preußen verstand sich dieser Zusammenschluss als Verwaltungsunion, nicht als Bekenntnisunion.

Umerziehung der Magdalenen

Als Magdalenenheim verstand man seit dem Mittelalter Besserungsanstalten für „gefallene Mädchen", womit schlicht Prostituierte gemeint waren. Andere Bezeichnungen waren Magdalenenstift, Madalenenhaus, Magdalenium, Rettungshaus. Der Bezug auf die neutestamentliche Maria Magdalena ist zwar oft zutreffend, doch verlassen kann man sich auf den Namen hinsichtlich der historischen Bestimmung nicht. Ein bedeutendes Magdalenenheim war das 1821 von dem Hamburger Bürgermeister Amandus Augustus Abendroth (1767–1842) gegründete Heim, das seit 1921 den Namen Abendroth-Haus trägt. Diese Einrichtung wendet sich noch heute mit Hilfsangeboten vorwiegend an Mädchen und junge Frauen.

In England entwickelte sich in der Mitte des 18. Jahrhunderts eine regelrechte Magdalenen-Bewegung. Sie nahm Prostitution, gefährdete oder in Not geratene Mädchen und Frauen nicht nur als Objekte moralischer Entrüstung wahr, sondern als soziales Problem. 1758 eröffnete der Prediger, Freimaurer und Lebemann William Dodd in London das Magdalen House zur Resozialisierung reuiger Prostituierter; Dodd, selbst entschiedener Gegner der Todesstrafe, endete 1777 wegen Betrugs am Galgen – die Idee der Magdalenenhäuser überlebte ihn. Neben dem Magdalen House öffnete zu dieser Zeit auch das Asylum im Stadtteil Lambeth, dort konnten mittellose Mädchen eine Ausbildung als Hausangestellte oder in einem anderen „dienenden" Beruf erhalten, was sie davor bewahren konnte, sich aus materieller Not prostituieren zu müssen.

Auch Theodor Fliedner (1800–1864), seit 1822 evangelischer Pfarrer in Kaiserswerth am Rhein, lernte auf seinen Kollektereisen durch die Niederlande und nach England das Problem der mittellosen alleinstehenden Frauen und ihre besondere Gefährdung durch Prostitution und Kriminalität kennen. 1826 beteiligte er sich maßgeblich an der Gründung des Rheinisch-westfälischen Gefängnis-Vereins. Dessen Zweck beschrieb man als „sittliche Besserung der Gefangenen durch Beseitigung nachteiliger und Vermehrung wohltätiger Einwirkung auf sie während der Haft oder nach der Entlassung"⁶. In diesem Gefängnisverein hatte sich unter der Leitung der Gräfin Vorname von Spee – aber sicher dank der Inspiration Fliedners – „ein Verein von edelgesinnten Frauen gebildet, um auf die Besserung der weiblichen Gefangenen einzuwirken"⁷. Insbesondere durch die Einstellung von Geistlichen und Schullehrern und durch die Einrichtung einer „ganz abgesonderten Anstalt für 300 weibliche Gefangene" in der Strafanstalt Werden versprach man sich eine Eindämmung der „mannigfaltigen verderblichen Folgen", die aus dem regellosen Zusammenleben beider Geschlechter in einem Hause entstehen. Theodor Fliedner ging aber noch weiter. Im Gefängnis von Werden hatte auch Mina Enders eingesessen. Die Kleinkriminelle wurde 1833 entlassen. Theodor Fliedner und seine Frau Friederike gaben ihr am 17. September Quartier im Gartenhaus ihres Pfarrhauses. Mina Enders, zwanzigjährig, war die erste „Asylistin" im gerade begründeten Evangelischen Asyl für weibliche Entlassene. Sie war zweimal wegen Diebstahls, zuletzt zu anderthalb Jahren Gefängnis verurteilt worden. Zu ihrem „Betragen im Asyl" heißt es im Aufnahmebuch: „anfangs still und fleißig, später wieder leichtsinnig, buhlerisch, bisweilen frech". Mina wurde mit Hausarbeiten betraut und bekam Näh- und Leseunterricht. Nach wenigen Monaten wurde sie zu einem „gläubigen Schullehrer" in Dienst gegeben. Der pädagogische Erfolg bei der ersten „Asylistin" war allerdings nicht von Dauer. 1836 wurde Mina abermals wegen Diebstahls verurteilt und musste für fünf Jahre nach Werden.

Die Asylarbeit für entlassene weibliche Strafgefangene war der Ausgangspunkt für das große Werk, das einmal die Kaiserswerther Diakonie werden würde. Dass diese Arbeit nicht von Anfang an professionell vonstattengehen konnte, ist nicht verwunderlich. „Fliedner und seine Helfer und Unterstützer begannen zunächst ohne Qualifikationen und ohne spezifische Kompetenzen. Es setzte aber schnell eine Selbstprofessionalisierung ein, man entwickelte pädagogische Materialien, kümmerte sich um die Ausbildungsfragen."[8] Auch für die Gründung des Evangelischen Diakonissenhauses Berlin Teltow Lehnin gab die „Gefängnissache" die auslösenden Impulse. Auch in Berlin konnte man nicht auf vorgefundene Kompetenzen zurückgreifen. Die späteren Arbeitsfelder der Diakonie waren damals nicht einmal ansatzweise professionalisiert. Was an fachlicher Kompetenz fehlte, aber dennoch wachsen sollte, wurde auf den Säulen Kirchlichkeit, Religiosität, Sittlichkeit und Wohltätigkeit errichtet.

Entscheidender Anstoß durch Elizabeth Fry

Elizabeth Fry (1780–1845) war eine bis heute hoch geschätzte Reformerin des Gefängniswesens in Großbritannien. Sie engagierte sich insbesondere für weibliche Gefangene, die sich in den britischen Gefängnissen des frühen 19. Jahrhunderts in einer entwürdigenden Lage befanden. So setzte sie 1817 bessere Bedingungen für die Gefangenen im Londoner Gefängnis Newgate durch – unter anderem erstmalig weibliches Aufsichtspersonal für Frauen sowie Schulunterricht für die Kinder inhaftierter Frauen in einer Zelle, die als Klassenzimmer eingerichtet worden war. Die Fortschritte, die sie für die einsitzenden Frauen erreichte, wurden Maßstab für durchgreifende Reformen auch in anderen britischen Gefängnissen. 1821 gründete sie mit Unterstützung der Gemeinschaft der Quäker The British Society of Ladies for Promoting the Reformation of Female Prisoners. Sie gilt heute als die älteste englandweite Frauenorganisation der britischen Geschichte. Ihr Einfluss reichte bald weit über Großbritannien hinaus. Auf mehreren Europareisen machte Elizabeth Fry ihr Reformkonzept bekannt. Ihr soziales Engagement steht in Großbritannien in so hohem Ansehen, dass ihr 2002 die Ehre zuteilwurde, die Rückseite der Fünf-Pfund-Banknote zu zieren.

Elizabeth Fry auf einer britischen Fünf-Pfund-Banknote

„Im Frühjahr 1840 reiste Elizabeth Fry zum dritten Mal durch Europa. Sie besuchte nun nicht allein Frankreich und die Schweiz, sondern auch die Niederlande und Deutschland – und Berlin."[9] Ihr Deutschlandbesuch führte sie auch nach Kaiserswerth, wo sie mit den Fliedners zusammentraf. In Berlin kam sie am 10. April 1840 an und nahm Quartier im vornehmen Hôtel de Russie, Unter den Linden 23, nahe der Friedrichstraße, etwa auf halbem Weg zwischen Brandenburger Tor und königlichem Schloss; sie würde zwei Wochen in der preußischen Hauptstadt bleiben und in den folgenden Tagen die namhaftesten Vertretern der Berliner Prominenz treffen. Hauptsächlich war ihr an Begegnungen mit Persönlichkeiten gelegen, die sich in der „Gefängnissache" engagierten. Prinzessin Marianne von Preußen (1785–1846), die Schwägerin des Königs, war darin sehr eifrig. Noch regierte König Friedrich Wilhelm III. (1770–1840), aber am Berliner Hof begann man sich bereits auf den designierten Nachfolger, den Kronprinzen Friedrich Wilhelm (1795–1858) und nachmaligen vierten König dieses Namens zu orientieren. Friedrich Wilhelm III. starb am 7. Juni 1840. Unter seiner

Prinzessin Marianne von Preußen (um 1830)

Regierung, die einerseits als rückwärtsgewandt und restaurativ beschrieben wurde, andererseits aber auch Talenten wie den Brüdern Humboldt, dem Philosophen Hegel und dem Architekten Schinkel Raum zur Entfaltung gab, waren die ersten Schritte zur Verbesserung der „Gefängnissache" gegangen worden.

Unter dem Einfluss britischer Vorbilder war in Berlin bereits im November 1827 ein Verein zur Besserung der Strafgefangenen gegründet worden. Maßgeblichen Anteil daran hatte der aus Altona stammende Arzt Nicolaus Heinrich Julius (1783–1862), der das Londoner Newgate-Gefängnis besucht hatte, Elizabeth Fry begegnet und mit ihren Reformansätzen vertraut gemacht worden war. 1827 veröffentlichte er in Berlin die Schrift *Die weibliche Fürsorge für Gefangene und Kranke ihres Geschlechtes; aus den Schriften der Frau*

Elizabeth Fry und Andrer zusammengestellt. Der Ertrag der Publikation sollte „zum Besten der in Berlin und Hamburg zu stiftenden Gefängniß-Vereine" verwendet werden. Zugleich hielt Julius in Berlin Vorlesungen „über die Verbesserung der Gefängnisse und sittliche Besserung der Gefangenen, entlassenen Sträflinge usw.", die 1828 publiziert wurden.

Eine weitere wichtige Persönlichkeit, die schon früh in der „Gefängnissache" aktiv wurde, war Luise von Schönberg (1771–1856), geborene Gräfin von Stolberg-Wernigerode. Für die „Gefängnissache" sollten die persönlichen Netzwerke der Damen und Herren „von Stand" durchaus bedeutsam werden. Im konkreten Fall war Moritz Haubold von Schönberg Vizepräsident des Vereins zur Besserung der Strafgefangenen. Doch was so erfolgversprechend begonnen hatte, war wohl zu stark auf die Person der ersten Vorsitzenden zugeschnitten. Schon 1831 stockte die Arbeit.

Der Besuch der britischen Reformerin reaktivierte die Damen von Stand, die sich ein Jahrzehnt zuvor für die „Gefängnissache" engagiert hatten. Allein Prinzessin Marianne sprach während der vierzehn Besuchstage der britischen Delegation vier Einladungen für Elizabeth Fry und ihre Begleitung aus. Begleitet von Elizabeth Fry hatte Prinzessin Marianne am 15. April 1840 erstmalig ein Gefängnis besucht, die Berliner Stadtvogtei am Molkenmarkt. Diese hat die Prinzessin offenbar nachhaltig beeindruckt und berührt. Ihre demonstrative Zuwendung ermutigte alle, die sich in der „Gefängnissache" engagierten. Und es war ein Signal an die preußische Oberschicht: Was der Hof goutierte, konnte man gesellschaftlich nicht ignorieren.

Schon am 9. Mai 1840 lag eine neue Satzung für den Verein zur Besserung der Gefangenen weiblichen Geschlechts vor; Prinzessin Marianne überreichte sie – gewissermaßen inoffiziell als Vorabexemplar – dem preußischen Minister des Innern, Gustav Adolf Rochus von Rochow (1792–1847). Als Vorsteherin bzw. Vice-Vorsteherin waren Caroline Gräfin von Bohlen (1798–1858) und Caroline Focke vorgesehen.

Die Stadtvogtei von Berlin war um 1790 vom Berliner Magistrat als Stadtgefängnis eingerichtet worden. Es litt von Anfang an unter Überfüllung. In einer Einzelzelle waren bis zu acht Personen inhaftiert. Siebenundvierzig Zellen waren für Kriminaluntersuchungsgefangene vorgesehen, dreizehn für Polizeigefangene; daneben gab es noch zwei große Gemeinschaftssäle. Prominentester Häftling war der später als niederdeutscher Schriftsteller bekannt gewordene Fritz Reuter. Er saß Anfang der 1830er-Jahre zweimal in der Stadtvogtei ein, bevor er in die Festungshaft überstellt wurde. Die Gefängnisreformer hatten zwar die Geschlechtertrennung durchgesetzt, eine Seelsorge fand aber nur ansatzweise – durch Predigtamtskandidaten – statt. Ab 1889 übernahm das neue Polizeipräsidium am Alexanderplatz die Funktion der Stadtvogtei. Aus dem Gebäude wurde eine Mietskaserne, im Volksmund Wanzenburg genannt. Nach 1930 wurde es abgerissen und das Grundstück bis 1935 mit der Geldfabrik *Alte Münze* bebaut. Dieses Gebäude bildet noch heute die Situation auf dem Molkenmarkt 1–3.

Spreeufer mit Stadtvogtei (links); im Hintergrund mit Kran der Turm des neuen Stadthauses im Bau. Gemälde von Julius Jacob dem Jüngeren (1842–1929)

Der Innenminister hatte eigene Vorstellungen von der Gefangenenfürsorge und zwischen den Damen und dem Ministerium entspann sich ein lebhafter Schriftwechsel; der Disput zog sich hin – über den Thronwechsel hinaus.

*Friedrich Wilhelm IV.,
König von Preußen,
Daguerreotypie von 1847*

Am 7. Juni 1840 war König Friedrich Wilhelm III. gestorben. Der fünfundvierzigjährige Kronprinz bestieg als Friedrich Wilhelm IV. den Thron. Mit ihm verbanden sich liberale Hoffnungen in Preußen. Tatsächlich beendete er umgehend die restaurative Politik seines Vaters, machte dem seit fünfzehn Jahren schwelenden Streit mit den Katholiken ein Ende und entspannte auch das Verhältnis zu den Altlutheranern, die der unierten evangelischen Kirche in Preußen nicht beigetreten waren. Er setzte die sogenannte Demagogenverfolgung aus und blockierte die Bundeszentralbehörde zur Durchsetzung der Karlsbader Beschlüsse von 1819 so erfolgreich, dass sie sich bis 1848 nur noch vertagte und schließlich im Zuge der Revolution ganz aufgelöst wurde. Lediglich die Pressezensur blieb erhalten.

Zunächst war daran gedacht worden, neben der Stadtvogtei das sogenannte Arbeitshaus am Alexanderplatz als Betätigungsfeld für den Frauenverein vorzusehen. Offensichtlich aber war es damals gar nicht so leicht, Gutes zu tun. Zunächst mussten die Mühlen der Bürokratie mahlen. Und die mahlten schon immer nicht so sehr hastig. Ins Bild gesetzt werden mussten die Stadtvogtei und das Arbeitshaus. Sodann mussten sich die Aufsichtsbehörden mit dem Satzungsentwurf befassen und Stellung dazu nehmen. Und schließlich wollten auch der Magistrat und seine Armenkommission in der Sache mitreden.

Das Arbeitshaus nahm seinen Anfang im 18. Jahrhundert am damaligen Rondell (Belle-Alliance-Platz, seit 1946 Mehringplatz) in einem Gebäude der Fleischerinnung mit dem Spitznamen Ochsenkopf. 1758 wurde es in der Gegend des heutigen Alexanderplatzes neu eingerichtet. Der Name Ochsenkopf übertrug sich auch auf den neuen Standort. Der baumbestandene Platz vor dem Arbeitshaus wurde Paradeplatz genannt. Das Haus bot Asyl für (damals so genannte) Krüppel, Trunksüchtige, Geisteskranke, Bettler und Vagabunden, Arbeits- und Obdachlose sowie Kleinkriminelle beiderlei Geschlechts. Auch Frauen mit Säuglingen, die zu Zuchthausstrafen verurteilt worden waren, landeten zunächst im Arbeitshaus, bis die Kinder nach der Entwöhnung ins Waisenhaus gebracht und die Mütter nach Spandau verlegt wurden. Die Insassen wurden zur Arbeit in einer Tretmühle angehalten, die wiederum eine Getreidemühle antrieb. Im 19. Jahrhundert überwiegend als Obdachlosenasyl genutzt, blieb der Ochsenkopf bis zum Neubau des Polizeipräsidiums 1889 in Betrieb.

Anstalt für verwahrloste Weibspersonen

Der immer gleichen Diskussion darüber überdrüssig, was ein Privatverein in einer staatlichen Strafanstalt dürfe oder solle und ob ein Damenverein als Konkurrenz zu einem bereits bestehenden Männerverein aufgefasst werden müsse, reichten Caroline Gräfin von Bohlen und Caroline Focke am 6. April 1841 *Anträge auf Unterstützung zur Errichtung einer Anstalt für verwahrloste Weibs-Personen* ein. Man hatte einen Zielwechsel vorgenommen. Und ohne dass dies in dem im Vorjahr erarbeiteten Satzungsentwurf auch nur von Ferne angedeutet worden wäre, bekundete damit der „Frauen-Verein zur Besserung weiblicher Gefangener", dass er sich anderen praktischen Arbeitsfeldern zuwenden wollte. Das war nun freilich eine Überraschung! Man beabsichtige, in einer „Anstalt" auch solchen Frauen „Liebe und Theilnahme zu zeigen", die daran besonderen Mangel litten und als „verwahrlost" galten. Sie sollten „mit dem Wort Gottes bekannt" gemacht „und durch Ermahnung und Belehrung" zu „Besserung und Umkehr von der Sünde" veranlasst werden. Statt der Betreuung weiblicher Strafgefangener stand nun also die Bekehrung der Prostituierten zu sittsamem Lebenswandel im Fokus des Damenvereins. Für sie wollte man eine Einrichtung für den dauernden Aufenthalt schaffen. Dort sollten die Frauen und Mädchen unter Aufsicht eine regelmäßige Beschäftigung ausüben, um sich an ein ordentliches Leben zu gewöhnen. Als hervorragendes Beispiel für eine solche Einrichtung nannten die Damen ausdrücklich das Magdalenum in Hamburg, „welches viel Segen verbreitet".

Perspektivwechsel – warum?

Warum nun „Anstalt für verwahrloste Weibspersonen" anstatt „Besserung weiblicher Gefangener"? Und das, obwohl der Verein selbst seinen bisherigen Namen behielt? Vielleicht muss man daran erinnern, dass das Gefängnis als Strafvollzugsanstalt selbst eine historisch relativ junge Erscheinung war. Im französischen Einflussgebiet hatte der Code Napoleon die Haftstrafe, den Freiheitsentzug, als einheitliche Justizstrafe vorgeschrieben. Im Land, das die Freiheit zum ersten revolutionären Grundsatz erhob, wurde der Freiheitsentzug zum universellen Strafmittel, das dem zweiten Grundsatz, der Gleichheit, verpflichtet war. Fast gleichzeitig mit der Geburt des Gefängnisses als dominierender Strafanstalt setzten in vielen europäischen Ländern Bemühungen zur Gefängnisreform ein.

In den ersten Jahren des 19. Jahrhunderts war den Menschen die Neuheit des Gefängnisses als universellem Werkzeug der Strafjustiz noch bewusst. Aber es passte nur allzu gut in eine Zeit und in eine Gesellschaft, die sich als bürgerliche Disziplinargesellschaft formierte, und die auch außerhalb der Strafjustiz auf verschiedenen Ebenen Disziplinierungs- und Strafmittel einsetzte. „Dass das Zellengefängnis mit seinem Zeitrhythmus, seiner Zwangsarbeit, seinen Überwachungs- und Registrierungsinstanzen, seinen Normalitätslehren, welche die Funktionen des Richters fortsetzen und vervielfältigen, zur modernen Strafanlage geworden ist – was ist daran verwunderlich? Was ist daran verwunderlich, wenn das Gefängnis den Fabriken, den Schulen, den Kasernen, den Spitälern gleicht, die allesamt den Gefängnissen gleichen?", schrieb Michel Foucault.[10]

Ein weiterer Aspekt ist zu berücksichtigen. Das Gefängnis als dominierendes Werkzeug der Strafjustiz will nicht nur strafen, sondern korrigieren, belehren, bessern. Auch darin ähnelt das Gefängnis anderen Anstalten, die auf „Correction" und Besserung aus waren. „Die Selbstverständlichkeit des Gefängnisses beruht aber auch auf seiner vorausgesetzten Rolle als Apparat zur Umformung der Individuen. Wie sollte das Gefängnis nicht unmittelbar akzeptiert werden, wo es doch, indem es einsperrt, herrichtet, fügsam macht, nur die Mechanismen des Gesellschaftskörpers – vielleicht mit einigem Nachdruck – reproduziert."[11] War es nicht sinnvoll, sich um Frauen zu kümmern, die nach herrschender Auffassung in Sünde gefallen waren – und zwar, *bevor* sie straffällig wurden? Dieser präventive Ansatz entsprang dem gleichen Korrektionsbedürfnis der damaligen Gesellschaft.

Prostitution in Berlin

Über den sittlichen Zustand der preußischen Hauptstadt Berlin wurden immer wieder – teils öffentlich, teils hinter den Kulissen der politischen Institutionen – Debatten geführt. Bis zur Zeit des Thronwechsels 1840 galt im Grundsatz noch das „Bordell-Reglement" von 1792. Die Duldung der Prostitution wurde immer wieder kritisiert, aber zunächst nicht aufgehoben. Erst 1839 schränkte ein Reskript des Innenministers von Rochow den Betrieb der damals achtundzwanzig Berliner Bordelle ein. Alle „genehmigten" Bordelle waren nun in der Straße An der Königsmauer versammelt.

> Die Straße An der Königsmauer verlief von der Klosterstraße parallel zur heutigen Littenstraße in einem leichten Bogen bis zur heutigen Rathausstraße. Als die geduldete Prostitution 1846 aufgehoben wurde, blieb die Straße voll der Lasterhöhlen, nur dass das Geschäft jetzt nicht mehr offen, sondern illegal betrieben wurde. Der Magistrat kaufte nach und nach alle Grundstücke des verrufenen Viertels auf und ließ die Gebäude 1878 abreißen. Die Straße ging teilweise in die Neugestaltung der Neuen Friedrichstraße (seit 1951 Littenstraße) auf.

Neben den „offiziellen" Bordell-Huren waren aber auch noch Tanz-, Absteige-, Schenk- und Bier-, auch Harfen-, Bade-, Straßenmädchen und andere Gelegenheitsdirnen, nämlich die sogenannten galanten Frauen, weibliche Schneidergesellen, Blumen- und Putzmacherinnen et cetera, sowie die Dienstmädchen, die sich prostituierten, und Mätressen, die von Herren der besseren Gesellschaft ausgehalten wurden. Carl Röhrmann schilderte in seinem Werk *Der sittliche Zustand von Berlin*, dass „das Leben der Prostituierten nicht nach Kanon und Regel betrachtet werden kann. Es ist vielgestaltig, wie Proteus, und zieht sich polypenartig durch alle Windungen des Lasters hin. Die z. B., welche heut Straßendirne war, ist morgen Mätresse, am folgenden Tage von ihrem Liebhaber im Stich gelassen, zieht sie in eine Konditorei, worin sie nicht aushält, sie geht nach Hamburg in ein Bordell, und kommt in wenigen Wochen zurück, um, wie die Mehrzahl der eleganteren Straßendirnen, bis 10 Uhr abends diesem Metier wieder nachzugehen, des Nachts sich in Tanzkneipen umherzutreiben, und mit den dort gemachten Bekanntschaften, oder den auf der Straße angelockten Männern bei einer Kupplerin abzusteigen."[12] Röhrmann unterteilte das weibliche Liebespersonal Berlin in feinere Prostituierte (4 500), Mätressen (500), gewöhnliche Damen (8 000) und Diebesdirnen (2 000), zusammen etwa 15 000 Frauen – acht bis neun Prozent der gesamten weiblichen Bevölkerung Berlins. Dass die Damen den Vereinszweck von der Gefängniswelt auf die Welt der Prostitution wendeten, war also nicht etwa ein spleeniger Augenblickseinfall, sondern reflektierte die gesellschaftliche Relevanz dieses vorgeblich ältesten Gewerbes der Welt. „In dieser Situation kam der Wunsch nach einem ‚Magdalenum' den politischen Absichten des Preußischen Ministers des Innern und der Polizei … sehr entgegen. Ihm konnte es nur recht sein, wenn der ‚Frauen-Verein zur Besserung weiblicher Gefangener' durch eine solche Anstalt, wenn nicht die Zahl der Bordelle verringerte, so doch dem Ansteigen der Zahl der Prostituierten entgegenwirkte."[13]

Fünf Jahre später wurde die „geduldete Prostitution" in Berlin aufgehoben. Die Bordelle an der Königsmauer mussten schließen. „Freilich, wenn man glaubte, durch Aufhebung der tolerierten Prostitution auch die Prostitution selbst aufzuheben, so war man in einem Irrtum. Die Toleranz hat aufgehört, aber die Prostitution ist – und wie wir sehen, viel ärger – geblieben, als sie es war. Daher die Syphilis auch jetzt viel reißendere Fortschritte macht, seitdem die öffentlichen Häuser eingegangen sind und mit ihnen jene ärztlichen regelmäßigen Visitationen selbstredend aufgehört haben, – da es ja keine prostituierten Frauenzimmer mehr geben soll"[14], schrieb der zeitgenössische Verfasser Carl Röhrmann. Und manche brave Ehefrau litt unter den Ausschweifungen ihres Mannes, der die Geschlechtskrankheit, die er sich bei Prostituierten geholt hatte, ins Ehebett mitbrachte.

Das Scheitern der verwaltungsrechtlichen Abschaffung der Prostitution bestätigte im Nachhinein das Konzept des Frauen-Vereins: Administration allein vermochte nichts zu bewirken, wenn den betroffenen Frauen nicht Hilfe zur Umkehr – das heißt zur Rückkehr in ein bürgerliches Leben – angeboten wurde.

Henri de Toulouse-Lautrec, Au Salon de la rue des moulins, 1894

Die Gründung

Am 30. April 1841 übergab „Tante Marianne" ihrem regierenden Neffen, Friedrich Wilhelm IV., eine Eingabe des Frauen-Vereins zur Besserung weiblicher Gefangener. Der König war bereits seit seiner Kronprinzenzeit mit Elizabeth Fry befreundet; er würde sie später in London besuchen und er würde in den 1850er-Jahren die Hilfe des Hamburger Sozialreformers und Schöpfer der Inneren Mission, Johann Hinrich Wichern (1808–1881) für eine Gefängnisreform in Anspruch nehmen. Die Eingabe des Frauen-Vereins zeichnete er persönlich ab und reichte sie mit einem dreifach unterstrichenen „NB – Zur Beachtung" an den Innenminister von Rochow weiter – denselben Rochow, der drei Jahre zuvor den Begriff des „beschränkten Untertanenverstandes" geprägt hatte. Mit einem solch energischen Notabene seines Monarchen setzte er sich in die Spur und bestellte beim Oberpräsidenten der Rheinprovinz einen Bericht über das Asyl für entlassene weibliche Gefangene, das Theodor und Friederike Fliedner seit 1833 in Kaiserswerth betrieben. Und er ließ sich vom Hamburger Senat einen Bericht über das dortige Magdalenenstift schicken.

Die führenden Damen des Frauen-Vereins waren dank ehelicher und familiärer Verbindung mit den maßgeblichen Männern Preußens in der Lage, das Projekt des Magdalenums energisch zu betreiben. Dass es im Verein auch Damen gab, deren Verbindungen zur politischen Elite geringer ausgeprägt waren, fällt dagegen weniger ins Gewicht. „Von Bedeutung ist, dass sie alle – auch der Preußische Minister des Innern und der Polizei – dem Kreis von frommen Christen angehörten, der, aus der Erweckungsbewegung hervorgegangen, sich um Männer wie August Tholuck, Johannes Evangelist Goßner, Samuel Elsner, Ernst Baron von Kottwitz gesammelt hatte. In diesen Beziehungen konnten, nach Gottesdienst und Andacht, nach erbaulichem Vortrag oder in privater Begegnung Ansichten ausgetauscht und auch Entscheidungen vorbereitet werden. Und das ‚Magdalenum' wird ganz gewiss in diesem Kreis erörtert worden sein."[15]

Nachdem entsprechende Berichte und Gutachten vorlagen, schlug Innenminister von Rochow seinem König vor, „im Allgemeinen die Gründung der beabsichtigten Anstalt, als ein recht christliches, menschenfreundliches Unternehmen, huldreichst gutzuheißen". Als Vorbild sollten sowohl das Magdalenum in Hamburg als auch das Asyl in Kaiserswerth dienen. Die staatliche Bürokratie legte großen Wert auf das Prinzip der Freiwilligkeit – das sicher weniger aus ethischen Erwägungen als mit der Absicht, sich das Gewaltmonopol nicht von einem privaten Verein, und sei er noch so hochadelig besetzt, aus der Hand nehmen zu lassen.

Da dem Berliner Frauen-Verein einerseits die Mittel fehlten, um ein geeignetes Gebäude zu erwerben, andererseits ein passendes öffentliches Gebäude nicht zur Verfügung stand, sollte eine Anschubfinanzierung für die Anmietung entsprechender Räumlichkeiten erwogen werden. Die General-Staats-Casse zahlte als ersten Förderbetrag eine Summe von 200 Talern – das entsprach ungefähr einem unteren Jahreseinkommen eines Handwerksmeisters. An der Anhaltischen Communication (heute Stresemannstraße), der Verbindungsstraße zwischen Halleschem und Potsdamer Tor, die außerhalb der Zollmauer verlief, fand man ein geeignetes Objekt. Dort in der Hirschelstraße (heute Stresemannstraße) Nummer 23 befanden sich Haus und Grundstück, das die unverheiratete Sophie von Knobelsdorff von ihrer verwitweten Mutter geerbt hatte. Sie war auf die Einkünfte aus dem Haus- und Grundbesitz angewiesen; mit dem Frauen-Verein wurde sie handelseins und überließ die Immobilie zur Nutzung gegen einen jährlichen Mietzins von 200 Talern.

König Friedrich Wilhelm IV. erklärte am 8. Dezember 1841, er verfolge das Projekt mit Wohlwollen und werde die Anstalt als eine öffentliche anerkennen, sobald der Satzungsentwurf vorliege. Er bedaure nur, dass „ein Local für die Anstalt nur gemiethet werden soll" und verfügte, dass

Entlang der heutigen Stresemannstraße, genauer in der Mitte, verlief seit 1734 die Stadtmauer. Sie sollte einerseits als „Akzisemauer" Steuereinnahmen sichern, andererseits wohl auch die Flucht von Soldaten der Berliner Garnison verhindern. Außerhalb der Mauer hieß die Straße Hirschelstraße, innerhalb Potsdamer Communication, ab dem Anhalter Tor (1840 als Zugang zum Anhalter Bahnhof angelegt) südwärts Anhaltische Communication. 1860 wurde die Akzisemauer per Dekret aufgehoben und in der Folge auch real abgerissen. Hirschelstraße und Communication wurden zu einer einheitlichen Straße vereinigt – zur Erinnerung an den preußischen Sieg über Österreich ab 1867 Königgrätzer Straße genannt. Als schwierig erwies sich, dass die (äußere) Hirschelstraße einen knappen Meter höher lag als die (innere) Communication.

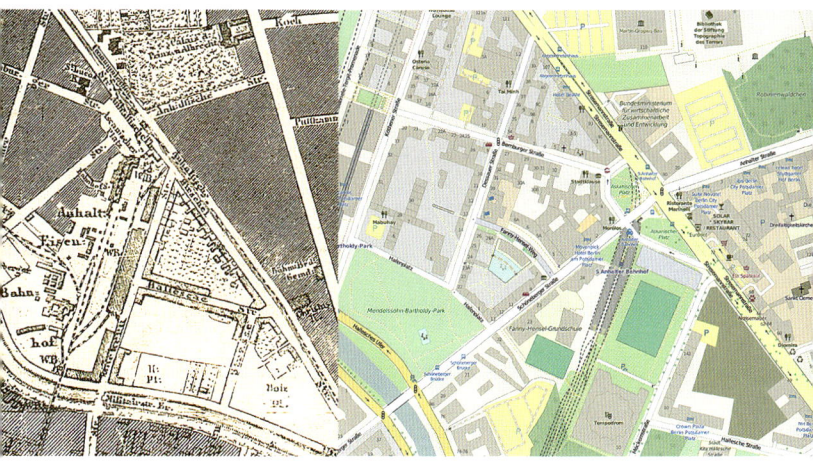

Die Situation südwärts des Anhaltischen Platzes um 1860. Diagonal durch das linke Bild verläuft die Hirschelstraße/Anhaltische Communication, geteilt durch die Akzisemauer. Rechtes Bild: heutige Situation an der Stresemannstraße

nach einem geeigneten Gebäude für den Verein weiter zu recherchieren sei – am besten „entfernt von der Stadt, wo die Aufzunehmenden ganz abgeschlossen von dem allgemeinen Verkehr leben können." Der König behielt sich persönlich vor, weitere Mittel aus dem Staats-Fonds zu gewähren. Der Innenminister sprach am 22. Dezember 1841 die offizielle Anerkennung des Magdalenums aus und ersuchte den Berliner Polizeipräsidenten, „es sich angelegen sein zu lassen, der Wirksamkeit des Vereins in Rücksicht auf die bereits ins Leben gerufene Anstalt freundlich entgegenzukommen".

War dieser 22. Dezember das eigentliche Gründungsdatum des Diakonissenhauses Berlin Teltow Lehnin? Oder war es der 8. Dezember 1841, an dem der König sein Placet zur Anmietung des Hauses Hirschelstraße 23 gab? Oder war es schon der 9. November 1841, als die ersten vier Frauen in der Hirschelstraße 23 Unterkunft fanden? Bis zum Januar 1842 war die Belegung schon auf zehn Bewohnerinnen angewachsen. Die Anleitung, die Beaufsichtigung bei Näharbeiten und das Zubereiten der Mahlzeiten oblag der „Mamsell" Florentine Fischer. Sie war zum Zeitpunkt ihrer Anstellung fünfundfünfzig Jahre alt, unverheiratet und in Hauswirtschaftsfragen versiert. Sie hatte bislang dem Universitätsprofessor und Armen-Augenarzt der Stadt Berlin, Friedrich Wilhelm Georg Kranichfeld (1789–1870) die Wirtschaft geführt. Im April 1842 trat ihr mit Antonie Steinwehr eine weitere Aufseherin zur Seite.

Eine solche „Perle" zu finden war in der damaligen Zeit ein Glückstreffer. Denn eine Professionalisierung hauswirtschaftlicher oder pflegerischer Tätigkeiten gab es faktisch noch nicht, folglich auch keine systematische Ausbildung für diese Betätigungsfelder und auch keine einheitlichen Kriterien, um die Sachkunde einer Bewerberin zu beurteilen. Auch die Berliner Charité war immer wieder mit diesem Problem konfrontiert. „Als sich 1823 acht Frauen auf die freigewordene Köchinnenstelle bewarben, schied die Verwaltung drei von vornherein aus, da es ihnen an Sauberkeit mangelte bzw. sie uneheliche Kinder hatten; an einer Frau Melix wurde ihre Langsamkeit und Bedächtigkeit bemängelt, an der Frau des Kutschers Deutscher der geringe äußerliche Anstand. Eine Witwe Stürmer wurde als ungeschickte ‚Verehrerin alkoholischer Getränke' beschrieben. Eine andere Bewerberin namens Dietz war mit einem kranken Mann verheiratet und hatte ein Pflegekind. Übrig blieb schließlich die Witwe des Buchhalters Schragemann, die sich während der zweitägigen Probe durch Ruhe, Besonnenheit, Umsicht und äußerlichen Anstand auszeichnete. Bezeichnend ist, dass der Sachverstand der Frauen kaum gewürdigt wurde: Denn in Neueinstellungsverhandlungen ging es nicht um vorhandene Vorkenntnisse aus früheren, ähnlichen Stellungen und etwaigen Sachverstand, sondern nur um die allgemein menschlich-moralische Eignung."[16]

Für die biblische Unterweisung, für Andacht und Gottesdienst war ein Geistlicher – Adolf Friedrich Souchon (1807–1878), Pfarrer der Französischen Luisenstadtkirche, gewonnen worden, der seinen Dienst im Magdalenum neben seiner Tätigkeit als Gemeindepfarrer versah. Mitgewirkt hatte an dieser Lösung wahrscheinlich hatte Franz Theremin (1780–1846), Hof- und Domprediger (und wie Souchon mit „hugenottischem Migrationshintergrund") und Vertrauter der Prinzessin Marianne, der persönlich in der Magdalenensache engagiert und überdies dienstlich auch mit Personalfragen der Gefängnisseelsorge befasst war.

Zuhälter und Bordellwirte

In der Folgezeit ging es zwischen den leitenden Damen des Frauen-Vereins und der Ministerialbürokratie um Fragen der Statuten, der Hausordnung, um die Grundverfassung der Anstalt und um die Staturen des Vereins selbst. Währenddessen tat sich rund um das Grundstück Hirschelstraße 23 Besorgniserregendes: Die Bordellwirte von der Königsmauer, die

Kupplerinnen und Zuhälter wollten sich mit der Minderung ihrer Einkünfte – nichts anderes bedeutete ja für sie der Weggang der Frauen ins Zufluchts-Haus, wie das Magdalenum auch genannt wurde – nicht abfinden. Immer wieder tauchten sie – teils vereinzelt, teils in konzertierter Aktion – vor der Nummer 23 auf, drangen sogar in das Gebäude ein und forderten „ihre" Mädchen zurück. Die beiden Aufseherinnen Florentine Fischer und Antonie Steinwehr kamen bald an ihre Grenzen. Zum 30. September 1842 kündigten sie ihren Dienst. Man hat das wohl kommen sehen und rechtzeitig für eine Neubesetzung ab dem 1. Oktober gesorgt: Amalie von Przewoska, unverheiratet und mit ihrer Mutter erst zwei Jahre zuvor nach Berlin gekommen, Clara Reinert aus Königsberg, bislang als Hauswirtschafterin in Berlin tätig, und Ernestine Kuhrt aus Altenburg sollen es jetzt richten. Überdies nahm man vom Nachbargrundstück Hirschelstraße 21 mit Louis Samuel Thomas einen Gärtner in Dienst, der die jungen Frauen in der Gartenarbeit anleiten sollte. Der Ertrag,

Letzter Überrest des Anhalter Bahnhofs; in der Nähe befand sich das Grundstück Hirschelstraße 23

Obst und Gemüse waren als Beitrag zur Ernährung und damit zur Kostensenkung im Magdalenenstift gedacht. „Dass ein im Garten des Hauses tätiger Mann die Abwehr der Zudringlinge aus der Berliner Bordellszene erleichtern konnte, wird man in Rechnung gestellt haben."[17]

Charakteristisch für die angespannte Situation war der Vorfall vom 20. November 1842. Amalie von Przewoska besuchte an diesem Ewigkeitssonntag mit elf ihrer Zöglinge den Gottesdienst in der Dreifaltigkeitskirche. Während Liturgie und Gottesdienst waren sie von einem Zuhälter beobachtet worden, der seine Kumpane benachrichtigte. Nach dem Gottesdienst kam es zu Handgreiflichkeiten. Die Polizei musste einschreiten. Noch nach Schlichtung des Streits verfolgten einige Männer aus dem „Milieu" die jungen Frauen bis zur Hirschelstraße. Das Haus Nummer 23 wurde unter Polizeischutz gestellt. Insgesamt vierundzwanzig Personen – Bordellwirte, Zuhälter, Kupplerinnen, alle einschlägig bekannt – hatten Unterlassungserklärungen mit Strafandrohung zu unterzeichnen.

Es waren Vorfälle wie dieser, die den schärfsten Gegnern des Bordellwesens Wasser auf die Mühlen gab. Nach jahrelangem Insistieren hatten die Bordellgegner schließlich Erfolg. Mit Erlass vom 26. August 1845 wurden die Bordelle zum 1. Januar 1846 aufgehoben. Wer aber glaubte, damit zugleich auch die Prostitution als Erwerbszweig aufgehoben zu haben, der irrte sich.

> An der Königsmauer,
> wenn der Mond aufgeht,
> stand ich auf der Lauer,
> bis die Tür aufgeht.
> Drinnen in der Stube
> sitzt ein kleiner Bube,
> spielt uns etwas vor
> von dem Gardekorps.
> *Aus einem Soldatenlied des 19. Jahrhunderts*

Ein größeres Haus

Das Gebäude in der Hirschelstraße 23 bot regulär zwölf „Magdalitinnen" Platz; im Juli 1842 war das Haus mit achtzehn Bewohnerinnen bereits überbelegt. Baulich ließen sich am Gebäude Hirschelstraße 23 keine Erweiterungen vornehmen. König Friedrich Wilhelm IV. verfolgte das Magdalenenprojekt mit lebhaftem Interesse. Er stellte für den Kauf einer passenden Immobilie sogar 10 000 Taler bereit. Zum Vergleich: Die Lebenshaltungskosten einer fünfköpfigen Familie lagen zu dieser Zeit bei etwa drei bis vier Talern pro Woche; Fabrikanten in Großstädten wie Berlin oder Breslau konnten über Jahreseinkommen zwischen 20 000 und 40 000 Talern verfügen.

Indes war es gar nicht so einfach, eine geeignete Immobilie zu finden, um das Geld auch einsetzen zu können. Schließlich kam Ludwig von Massow (1794–1859), Intendant der der königlichen Gärten und Verwalter der königlichen Schatulle, auf die Idee, dem Frauen-Verein das ungenutzte Fabrikgelände der ehemaligen königlichen Pulvermühlen anzubieten. Es lag westlich des Moabiter Weinbergs (heute befindet sich an seiner Stelle der Humboldthafen) am Nordufer der Spree. Es war seit 1837 ungenutzt, da man die Pulverfabrikation nach Haselhorst verlegt hatte. Der König übergab mit Ordre vom 13. Dezember 1842 dem Verein das Dienstgebäude auf dem Moabiter Gelände zur Nutzung. Es sollte fünfzig Frauen Unterkunft bieten und wurde in aller Eile für seine neue Bestimmung hergerichtet. Das Grundstück selbst sicherte man mit einem Bretterzaun. Er diente einerseits als Schutz vor dem Eindringen gewaltbereiter Männer aus dem „Milieu", andererseits als Hindernis, das sich einem möglichen Entweichen der Frauen und ihrer Rückkehr in die Bordellszene entgegen stellte.

Das Magdalenenstift nahm am 1. Januar 1843 unter der Anschrift Bei den Pulvermühlen seine Tätigkeit auf. Fünfundzwanzig junge Frauen und drei „Aufseherinnen" zogen ein. Beim Gottesdienst anlässlich der Einweihung des Magdalenenstifts zu Berlin auf dem Pulvermühlen-Gelände hielt Hof- und Domprediger Franz Theremin die Predigt. Marianne Prinzessin von Preußen war tief bewegt von diesem Gottesdienst: „... eine erbaulichere Predigt hörte ich lange nicht. Es war so bewegend, rührend, wie die Sünderinnen ergriffen waren."[18]

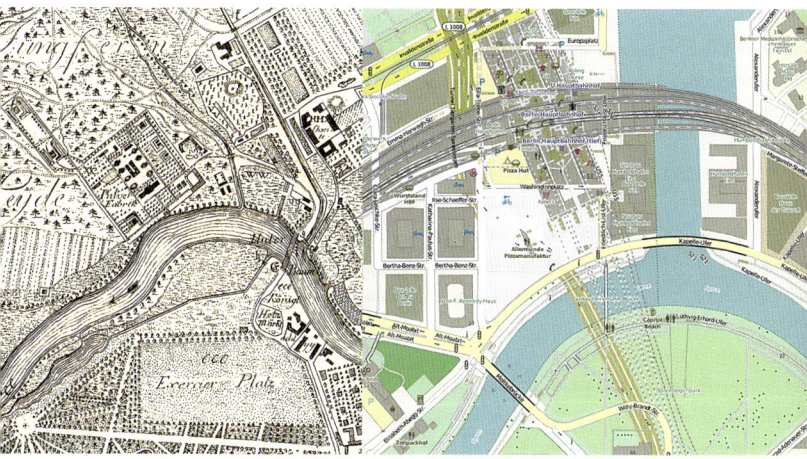

Gelände der Königlichen Pulvermühlen in Moabit, um 1786. Rechtes Bild: heutige Situation

Von dem neuen Domizil des Magdalenums gibt ein aus amtlichen Quellen gespeister Bericht folgende Beschreibung: „Das betreffende Grundstück ... besteht aus einem Wohnhause von etwa 120 Fuß[19] Länge und hinreichendem Hof- und Gartenraum. Das Wohnhaus enthält 2 Etagen. In der unteren Etage liegen ein Beetsaal von 5 Fenstern Front, 6 Stuben, ein Waschlocal und verschiedene Kammern. In der oberen Etage befinden sich 5 Stuben, 1 Arbeitssaal, 1 Schlafsaal, 1 Kranken- und 1 Speisezimmer." Über die Tätigkeit des Magdalenums teilt die gleiche Schrift für die ersten beiden Jahre mit: „Vom 9. November 1841 bis zum 9. November 1843 … sind in die Anstalt 128 Corrigendinnen aufgenommen worden, von diesen waren 13 schon verheirathet gewesen und 105 waren unverehelicht, mehr als die Hälfte waren frühere Bewohnerinnen der Bordelle. Die meisten standen im Alter zwischen 20 und 30 Jahren, die jüngste war 15 Jahre, die älteste 55 Jahre alt. Aus Berlin gebürtig waren nur 35, die übrigen 93 stammten aus der Fremde. Aus Gefängnißanstalten wurden 34 eingeliefert. Die übrigen 94 kamen aus dem Zustande der Freiheit. Von den ganzen 128 Corrigendinnen ist eine gestorben, 7 sind erkrankt und in das Elisabeth-Krankenhaus eingeliefert worden, 5 kamen zum Arrest, 13 entfernten sich heimlich und 6 verheiratheten sich unmittelbar aus der Anstalt und zwar eine an einen Schuhmacher, die zweite an einen Bäcker, die dritte an einen Steinmetzger, die vierte an einen Kutscher, die fünfte an einen Feilenhauer, die sechste an ein unbekanntes Individuum. Der Rest von etwa 100 ging theils in seine Heimath zurück, theils trat er durch Vermittlung des Vereins in herrschaftliche Dienste."[20]

Die erste Diakonisse

1840 kamen die ersten Diakonissen aus dem Kaiserswerther Mutterhaus an die Berliner Charité. So sehr es auch an qualifizierter Krankenpflege mangelte – nicht allen waren die Diakonissen willkommen. Rudolf Virchow spöttelte: „Vielleicht wird es im Hause bald Prozessionen geben. Der Pietismus macht wenigstens kräftige Schritte dazu." Die Charité wehrte sich lange gegen die Diakonissen. Die Religiosität der Erweckungsbewegung war gerade unter Naturwissenschaftlern nicht das Bekenntnis erster Wahl. Aber der rationalistische Virchow tat den Diakonissen damit Unrecht. „Die Akten der Charité weisen aus, dass den ersten Diakonissen ein Jahresgehalt von 30 Talern gezahlt wurde, dazu freie Wohnung in Einzelzimmern, freie Station und Kleidergeld. Damit bezogen sie insgesamt 110 Taler im Jahr, so viel wie das Existenzminimum für eine vierköpfige Arbeiterfamilie. Sie waren die ersten angemessen bezahlten weiblichen Arbeitskräfte der Sozialgeschichte. Ihre weltlichen Kollegen und Kolleginnen in der Charité mussten sich damals noch mit 12 Talern Jahresgehalt und Verpflegung der untersten Klasse ohne Abendbrot begnügen. Erst das Auftreten der Diakonissen in der Charité – für sie schloss das Mutterhaus die Verträge – führte allmählich zu einer Besserstellung des weltlichen Pflegepersonals."[21]

Warum war das Wirken der Diakonissen in der Charité bedeutungsvoll für das Magdalenenstift? Weil mit Schwester Marie Schäfer zum ersten Mal eine in der Charité tätige Diakonisse in jener Einrichtung auftauchte, aus der eines Tages das Diakonissenhaus Berlin Teltow Lehnin werden würde. Amalie von Przewoska war zwar noch im Dienst, aber die Oberaufsicht wurde eben jener Diakonisse Sr. Marie Schäfer übertragen, die in der Charité Dienst getan hatte. „Sie konnte hier erstmals ihre Begabung zu Leitung und Anleitung unter Beweis stellen und tat das in den folgenden einundeinhalb Jahren zur großen Zufriedenheit des Vorstandes."[22] Statt des Gärtners aus der Nachbarschaft hatte man Friedrich Wilhelm Jehnke als Hausvater angestellt; ihm oblagen jetzt die Ökonomie, die innere disziplinarische Aufsicht und die Besorgung der Geschäfte der Anstalt mit den städtischen Polizeibehörden. „Für die ärztliche Versorgung stand wie bisher Dr. Franz Xaver Melicher (1808–1853), Hausarzt der Bettina von Arnim (1786–1859) und einer der bedeutendsten Homöopathen zu der Zeit in Berlin, im Dienst des Magdalenenstifts. In Akutfällen gab es eine enge Zusammenarbeit mit der Charité und deren Frauenabteilung, auf der die Diakonissen aus Kaiserswerth ihren Dienst versahen."[23] Für die Ökonomie- und Geldangelegenheiten hatte man Franziska Baronin von Kloest gewonnen, die als Ober-Werkmeisterin fungierte und in dieser Funktion die Aufträge für die Wäscherei, die jetzt in einem Nebengebäude hatte einrichten können, beschaffte. Leopold von Gerlach (1790–1861) legte als Geschäftsführer eine Abrechnung für das Geschäftsjahr vom 1. April 1842 bis 31. März 1843 vor, die einen Ertrag von 305 Talern auswies. Für das folgende Geschäftsjahr prognostizierte sein Wirtschaftsplan ein Defizit von 395 Talern, womit er den König veranlasste, eine jährliche Zahlung von 1 800 Talern aus dem Etat des Preußischen Ministeriums des Innern und der Polizei beizusteuern – ein Betrag, der im Folgejahr nochmals um 400 Taler erhöht wurde.

Gefährliches Fahrwasser

An der Spitze des Frauen-Vereins zur Besserung weiblicher Gefangener und in grobe Sünde gefallener Mädchen – so hieß der Verein nun – drehte sich das Personalkarussell. Mit der Neubesetzung der Vereinsspitze und der Installation „starker Männer" in der Führung des Unternehmens Magdalenenstift sollten Ruhe und Sicherheit in die Geschäftsgänge gebracht werden. Man sah sich enttäuscht. Enttäuscht vor allem, weil die Aufhebung der Bordelle nicht die erhoffte Wirkung zeigte. Statt des erwarteten Ansturms junger Frauen auf Plätze im Magdalenenstift ging die Belegung von dreiundfünfzig Frauen im April 1846 auf zweiundzwanzig im Juni 1848 zurück.

Ende Februar 1848 war der Funke der revolutionären Ereignisse in Paris, die zum Sturz des „Bürgerkönigs" Louis Philippe geführt hatten, auch auf die deutschen Länder übergesprungen. Am 18. März brach in Berlin die Revolution los. Die Barrikadenkämpfe entwickelten sich aus einer anfänglich friedlichen Kundgebung; als der Tag endete, zählten die Behörden 303 Tote – 288 Männer, elf Frauen und vier Kinder. Das Militär zog sich zurück, um nicht in den Straßenkämpfen nach und nach aufgerieben, demoralisiert oder gar politisiert zu werden. König Friedrich Wilhelm IV. war von den Ereignissen erschreckt und verstört. Als die „Märzgefallenen" am 19. März auf dem Schlossplatz aufgebahrt wurden, erschien der König auf dem Balkon des Schlossers und zog seinen Hut. Am 21. März ritt der König mit einer schwarz-rot-goldenen Schärpe durch Berlin. Er ließ erklären, er sei für Deutschlands Freiheit und Deutschlands Einigkeit. Die Revolutionäre erkämpften sich demokratische Rechte wie Presse- und Versammlungsfreiheit – und namentlich in Berlin hat mancher Bürger wohl die Aufhebung des Rauchverbots im Tiergarten als größte revolutionäre Errungenschaft empfunden. Auch wenn am 18. Mai 1848 in der Frankfurter Paulskirche die Nationalversammlung ihre Arbeit aufgenommen hatte: In Preußen bekamen die konservativen Kräfte das Heft des politischen Handelns wieder in die Hand. Und als die Paulskirchenversammlung schließlich im April 1849 dem preußischen König die deutsche Kaiserkrone antrug, lehnte Friedrich Wilhelm dies „Diadem aus Dreck und Letten der Revolution, des Treubruchs und des Hochverrats geschmiedet" rundweg ab.

Konnte man sich wirklich darüber wundern, dass angesichts der sozialen Spannungen und revolutionären Ereignisse das Interesse am Frauen-Verein deutlich nachließ? Die Aufmerksamkeit der Berliner war offenbar auf andere Themen fokussiert. Das aber hatte Folgen für die Wirksamkeit des Vereins, in dessen Statuten festgeschrieben worden war: „Auch für das weitere Unterkommen in ordentlichen Diensten wird der Verein Sorge tragen." Caroline Focke hatte sich in besonderer Weise der „Fürsorge für die in der Stadt dienenden früheren Magdalitinnen" verschrieben, aber sie stieß auf einen gravierenden Mangel an geeigneten „ordentlichen Diensten", an Dienstgebern und an Stellungen, in die man die bekehrten Magdalitinnen vermitteln konnte. Sollte sich dieser Mangel nicht beheben lassen, dann war ein wesentliches Ziel des Frauenvereins verfehlt.

Ein weiterer Faktor fiel in dieser schwierigen Zeit ins Gewicht. Der Verein der adeligen Dame aus der besten Berliner Gesellschaft war nicht die einzige Institution, die sozial für Frauen und Mädchen tätig wurde. Und auch nicht die einzige, die sich königlicher Gunst erfreute. Die Innere Mission Johann Hinrich Wicherns (1808–1881) strahlte vom Rauhen Haus in Hamburg weit nach Deutschland aus. Im September 1848 hatte in Wittenberg eine „Versammlung evangelischer Männer" stattgefunden, die man heute als ersten evangelischen Kirchentag betrachtet. Die Gründung eines Centralausschusses für die Innere Mission der deutschen evangelischen Kirche wurde in Wittenberg beschlossen. Im Kreis Wicherns verstand man Innere Mission als christliche Liebestätigkeit und eine christliche Erneuerungsbewegung, die an der Erweckungsbewegung der damaligen Zeit anschloss; Diakonie sah man als Armenpflege im Rahmen evangelischer Sozialarbeit. Neben der Diakonissenbewegung, die von Theodor Fliedners Gründung in Kaiserswerth ausging und den Frauen einen anerkannten, „dienenden" Beruf gab, schuf Johann Hinrich Wichern mit der Inneren Mission gewissermaßen das männliche Pendant. Wicherns Diakone waren in der Armenpflege und in der

> Erweckungsbewegungen entstanden vom 17. bis zum 20. Jahrhundert überwiegend im Umfeld der evangelischen Kirchen. In ihrem Kern betonten die Erweckungsbewegungen den hohen Stellenwert der Religiosität im täglichen Leben; sie reagierten damit auf eine kirchliche Praxis, die als dogmatisch zu stark fixiert, als liturgisch erstarrt, rein traditionalistisch orientiert oder als wirklichkeitsfremd empfunden wurde. Sowohl innerhalb als auch neben den etablierten Kirchen griffen Erweckungsbewegungen Raum. Sie wandten sich an (bis dahin) kirchenferne Kreise und mobilisierten inaktive Kirchenmitglieder.

Gefängnisfürsorge tätig. König Friedrich Wilhelm IV. war ein erklärter Förderer der Inneren Mission.

Bemerkenswert ist das Zeugnis des niederländischen Theologen und Sozialreformers Ottho Gerhard Heldring (1804–1876). Heldring war einer der Protagonisten der niederländischen Erweckungsbewegung des 19. Jahrhunderts. Er hatte 1848 im niederländischen Zetten das Asyl Steenbeek, ein Magdalenenasyl, in einer umgebauten Bierbrauerei, gegründet, dem in den folgenden Jahren weitere Einrichtungen, auch außerhalb der Niederlande, folgten. Wegen seiner erfolgreichen Gründungen galt er als Experte auf diesem Gebiet und die Damen des Berliner Vereins suchten seinen Rat. Anlässlich eines Berlin-Besuchs im März 1850 wurde er von Adelheid von Bassewitz vom Frauen-Verein empfangen. Das Gespräch hinterließ bei dem Niederländer einen zwiespältigen Eindruck. „Die edle Dame empfing mich mit viel Wärme. Sie hatte aber über so viel Elend zu berichten, war so vertieft in ihre eigenen Ansichten über die Hoffnungslosigkeit zur Rettung dieser Unglücklichen, dass ich meinte, hier schweigen zu können und zu müssen. Umso mehr, als sie nur einen Grund hatte, die Angelegenheit nicht aufzugeben, nämlich ein ansehnliches Kapital. Ich dachte, ein Asyl ist eine Glaubens- und keine Geldangelegenheit … Das Asyl besuchte ich nicht. ‚Denn ach, alles war da hoffnungslos verloren.' So hatte es mir die Vorsitzende gesagt. Wie kann es auch anders sein? Ein Mann als Direktor eines Asyls ist ein Fehler, der die Sache selbst bereits zerstört. Er kann nie anderes als Ratgeber oder geistlicher Leiter solch eines Stiftes sein. Das sei er dann auch mit Gott und in Ehren. Des Weiteren sei und bleibe es eine Einrichtung, die nur durch Damen zu leiten sei." Heldring bot den Damen an, einen Berater aus den Niederlanden nach Berlin zu empfehlen oder einen Gast aus Berlin zu Hospitation zu empfangen.

War Heldrings Urteil zu hart? Das „ansehnliche Kapital" von dem Adelheid von Bassewitz zu Heldring sprach, waren 12 000 Taler, die der preußische König zur Verfügung gestellt hatte. Diese Summe entspräche einem Wert von 390 000 Euro im Jahr 2014. Dass man ein solches Kapital nicht leichtfertig abschreiben kann, dürfte auch Heldring klar gewesen sein. Und: Man ist in Preußen! Das Geld des Königs verwirtschaftet zu haben, ist hier nahezu eine Majestätsbeleidigung. Indessen dürfte es Heldring vermutlich irritiert haben, dass er nur Klagen hörte, aber kein Konzept. Vergleicht man sein Leitbild mit dem der Berliner Damen, wird man unterschiedlicher Motive gewahr: Beim Niederländer dominiert der Freiheitsgedanke, bei den Berliner Damen und ihrem „Beistand" Leopold von Gerlach sind es eher ordnungspolitische Überlegungen, die ihr Denken und Handeln bestimmen. „Auch wenn sie das Prinzip der Freiheit und Freiwilligkeit weiterhin als Grundlage der Arbeit ausgaben: Sie taten es eher aus Gründen der Staatsräson, weil der Staat das Instrument der ‚Zwangseinweisung' noch nicht kannte und noch halbes Jahrhundert benötigen sollte, es zu entwickeln."[24]

> Wie stellt sich der Wert des preußischen Talers heute in Euro dar? Die Umrechnung historischer Währungen in heutige Geld- und Preisverhältnisse ist schwierig. Die zugrunde liegenden Preisindices bergen große Unsicherheiten. Das Verhältnis von preußischem Taler zu heutigem Euro ist bezogen auf ein Kilogramm Kartoffeln anders als bezogen auf ein Kilogramm Weizenmehl, bezogen auf zehn Eier wieder anders als bezogen auf Bauleistungen (beispielsweise eines Maurers). Nach Berechnungen der Deutschen Bundesbank entspricht ein (süddeutscher) Gulden von 1838 etwa einer Kaufkraft von 18,60 Euro im Jahr 2014. Für den preußischen Taler ergibt sich demzufolge ein Wert von 32,55 Euro.

Die erste Oberin

Das Jahr 1850 brachte eine Reihe von Veränderungen. Im Februar wurde durch königliche Kabinettsordre die Prostitution wieder zugelassen. Der Trägerverein des Magdalenenstift nannte sich jetzt „Frauen-Verein zur Besserung gefallener und sittlich verderbter Frauenzimmer", ohne dass die Satzung geändert wurde; die weiblichen Gefangenen gerieten damit endgültig aus dem Fokus der Vereinsarbeit. Und das Magdalenenstift bekam, nachdem die Konstellationen mit den Oberaufseherinnen Florentine Fischer und Amalie von Przewoska und die Zusammenarbeit mit der Diakonisse Marie Schäfer nicht das gewünschte Ergebnis zeitigten, seine erste Oberin.

Caroline von Schierstedt (1807–1875), Tochter eines preußischen Oberstleutnants, stand bei ihrem Dienstantritt im dreiundvierzigsten Lebensjahr, war unverheiratet (ihr Verlobter war 1834 vor der Eheschließung unerwartet gestorben), hatte in verschiedenen Häusern des brandenburgisch-preußischen Adels gedient und war in gewissem Sinn langfristig auf ihr Amt vorbereitet worden. Seit Herbst 1847 hatte sie in der Diakonissenanstalt Kaiserswerth – zwischenzeitlich auch in der Diakonissenanstalt Straßburg im Elsass – eine Ausbildung in Krankenpflege und Erziehungsarbeit genossen. Vor allem aber dürfte sie Einblicke in die organisatorischen und wirtschaftlichen Abläufe eines funktionierenden Hauses gewonnen haben. Von Königin Elisabeth erhält sie im Sommer 1850 eine „Gnadenpräbende" ohne Präsenzpflicht im Stift Kloster Lindow.

„Für die am Magdalenenstift arbeitenden Personen war der Eintritt einer den höheren Ständen angehörenden Dame, die sich in freier Liebe entschloss, die Leitung der häuslichen Arbeiten und Beschäftigungen zu übernehmen, eine besondere Stärkung. Sie steht fortan der ganzen Anstalt als Oberin in Verbindung mit dem Prediger vor" heißt es im „Bericht über das hiesige Magdalenenstift" für 1850/51. Damit wurde ein Leitungsmodell eingeführt, das über Jahrzehnte erfolgreich sein sollte.

Zunächst gelang es der tatkräftigen Oberin, die wirtschaftliche Situation des Stifts zu stabilisieren. Bei etwa gleichbleibenden Ausgaben von jährlich 2 900 Talern wurden die Einnahmen in den fünf Jahren ihres Wirkens von 3 240 auf 4 126 Taler gesteigert. Die Rücklagen erhöhten sich von 140 auf 1 211 Taler. Neuer Geschäftsführer wurde Karl Graf Finck von Finckenstein. Ihm gelang es, die landwirtschaftliche Nutzfläche im Areal der Pulvermühle zu erweitern. Damit konnte nicht nur eine größere Anzahl von Frauen in Gärtnerei und Landwirtschaft beschäftigt werden, durch die Erträge konnten auch die Ausgaben des Stifts für Lebensmittel begrenzt werden.

Die Gebäude selbst wurden nach und nach repariert und renoviert. Dafür standen die Zinsen eines Kapitals – immerhin 350 Taler jährlich – zur Verfügung, das in Schuldverschreibungen angelegt worden war, um es eines Tages für den Ankauf eines eigenen Grundstücks verwenden.

Dieses neue Grundstück war indes noch nicht in Sicht. Verschiedene Erwägungen wurden, nicht zuletzt auf Anregung des Königs, angestellt. Die Südwestspitze des Sacrower Waldes (bei Potsdam) war als Bauplatz ins Auge gefasst worden. Das Oranienburger Schloss hätte man nutzen können, doch schien das den Verantwortlichen für den angezielten Zweck zu weit entfernt von den Brennpunkten des unsittlichen Geschehens in Berlin; außerdem konnte man sich nicht darüber einigen, wer die exorbitant hohen Renovierungs- und Unterhaltungskosten zu zahlen hatte. Auch ein Grundstück an der Kastanienallee Ecke Verlorener Weg (seit 1862 Schwedter Straße) war dem Frauen-Verein angeboten worden; er hatte sich bei genauerer Prüfung entschlossen, es als ungeeignet abzulehnen.

Pfarrer Gottlieb Fachtmann, der seit 1848 für das Magdalenenstift tätig war, wollte im Rahmen der Einrichtung ein sogenanntes Gesindehaus errichten. Dort sollten „alle noch nicht polizeilich bestraften Dienstboten weiblichen Geschlechts Aufnahme finden, wenn sie durch Tod, Wegziehen ihrer Herrschaften oder sonst ohne Schuld brotlos geworden sind"[25]. Die Frauen sollten zunächst acht Tage bleiben dürfen und interessierten Herrschaften sollte die Gelegenheit gegeben werden, hier ihr Personal zu mieten. Dieses präventive Konzept, das junge Frauen davor bewahren sollte, ins „Milieu" abzurutschen, fand der Frauenverein zwar sinnvoll, konnte sich aber doch nicht entschließen, die Ideen Fachtmanns umzusetzen.

Interessanterweise kommen an dieser historischen und geografischen Stelle abermals die Kaiserswerther Diakonie und Theodor Fliedner ins Spiel. Wieder eine Beinahe-Berührung zwischen Kaiserswerth und dem Berliner Magdalenenstift. Theodor Fliedner hatte von den Diakonissen aus der Charité erschreckende Nachrichten erhalten. Eine wachsende Anzahl junger Mädchen und unverheirateter junger Frauen suchte in Berlin Arbeit; die Anzahl der weiblichen Dienstboten stieg von 12 000 um die Jahrhundertmitte auf 40 000 zu Beginn der 1880er-Jahre. Viele von ihnen landeten nicht in bürgerlichen Stellungen, sondern auf der Abteilung für syphilitische Kranke weiblichen Geschlechts der Charité. Theodor Flieder tat das, was Pfarrer Gottlieb Fachtmann verwehrt geblieben war. Auf dem Areal, das der Frauen-Verein ausgeschlagen hatte, mietete Theodor Fliedner zwei kleine Gebäude auf dem Nickelshof, möblierte sie mit dem Allernötigsten und gab zwölf Hilfebedürftigen ein Unterkommen. Am 31. Oktober 1854 eröffnete unter der Leitung von drei Diakonissen das „Gesinde-Vermietungs-Comptoir". Ein Jahr später hatte Fliedner so viel Spenden eingeworben, dass er den Nickelshof kaufen konnte. Der Herberge folgte eine Haushaltschule, ein Kindergarten und schließlich eine Schule – ein typisches Fliedner-Projekt dieser Zeit. 1861 erhielt die Einrichtung nach der dienenden Martha aus dem Lukas-Evangelium den Namen Marthashof.

Im Grunde standen der Frauen-Verein und das Magdalenenstift ganz dicht vor der Schwelle zu einem sozialen Netzwerk für Benachteiligte, Bedürftige und Gefährdete. Theodor Fliedner hatte diese Schwelle bereits überschritten. Angesichts der damaligen Berliner Verhältnisse ist davon auszugehen, dass man auch im Magdalenenstift von Fliedners Initiative Kenntnis nahm.

Andere Zeiten

Ende Mai 1856 verließ Caroline von Schierstedt das Magdalenenstift. Im Jahresbericht 1855/56 vom April 1856 heißt es: „Jetzt steht der Abgang der Frau Oberin von Schierstedt bevor, welche, der an sie gegangenen Berufung zufolge, als Domina des Fräuleinstifts nach Kloster Lindow gehen wird. Dieselbe hat fast sechs Jahre hindurch mit großer Aufopferung und Uneigennützigkeit dem Stift vorgestanden und durch ihre Umsicht und rastlose Tätigkeit außerordentlich viel geleistet. Die ganze Einrichtung des Hauses und den guten Zustand der Finanzen, trotz der teuren Zeit, haben wir größtenteils allein unserer bisherigen Oberin zu verdanken."[26]

Aber nicht nur die wirtschaftliche Gesundung hatte das Magdalenenstift seiner Oberin zu verdanken. Ihr Wirken verschaffte dem Institut auch einiges Renommee. Es war noch immer nicht leicht, für die gefallenen – und vom Magdalenenstift aufgehobenen – Mädchen eine Anstellung in bürgerlichen Haushalten zu finden. Aber immerhin war das fortdauernde Klagen über die schlechten Vermittlungschancen verstummt. Stattdessen hatte das Stift eine Art Verdingeordnung verfasst: *Bedingungen für die Herrschaften, welche Mädchen aus dem Magdalenenstift in Dienst nehmen.* In diesen Bedingungen hieß es unter Ziffer 1: „Die Herrschaften verpflichten sich, die Mädchen vor sittlichen Gefahren möglichst zu schützen und das in ihnen angefangene Gute nach Kräften zu fördern." Jedenfalls wird den Mädchen die Teilnahme an öffentlichen Vergnügungen untersagt und ihnen aufgegeben, keine anderen Kleidungsstücke zu tragen, „als die von der Anstalt vorgeschrieben oder verabfolgt werden". Die Mädchen sollen auch kein Geld in die Hand bekommen; wird ihnen welches geschenkt, haben sie es der Herrschaft zu übergeben. „Die Herrschaften zahlen den Lohn und etwanige Geldgeschenke der Mädchen vierteljährlich an die Anstalt." Auch Kündigungen und Entlassungen sind mit der Anstalt zu verhandeln, nicht mit den Mädchen selbst. „Bei Abwesenheit der Herrschaften oder in Krankheitsfällen der Mädchen können dieselben der Anstalt gegen eine billige Vergütung übergeben werden", heißt es abschließend. Die Anstalt übernahm also eine sehr weitgehende Vormundschaft über die bekehrten und gebesserten Sünderinnen, doch entsprach dieser vormundschaftliche Schutz durchaus den Rechtsnormen der damaligen Zeit. So betrachtete auch der Polizeipräsident von Berlin die „Bedingungen" als nützliche Ergänzung zu den Statuten des Frauen-Vereins. Der Jahreskostensatz für eine Frau aus dem Magdalenenstift betrug übrigens neunzig Taler. Die „Bedingungen" sollen „in den ersten zwei Jahren nach dem Austreten der Mädchen aus der Anstalt" gelten. Derartige Leiharbeitsverträge muten heute vielleicht seltsam an. Zur damaligen Zeit gaben sie den jungen Frauen, die vom Magdalenenstift in den Dienst vermittelt wurden, eine gewisse Sicherheit und auch Schutz vor der Willkür manches Dienstherrn.

> 1857 sorgte der Wiener Münzvertrag mit dem „Vereinstaler" für eine weitere Vereinheitlichung des Münzwesens. Dreißig Taler wurden jetzt aus einem Zollpfund (500 g) Silber geschlagen. Wollte man den Silberpreis als Basis der Umrechnung nehmen, entspräche ein Vereinstaler 6,77 Euro (Januar 2016). Vor der Silberinflation, die nach 1871 einsetzte, als Deutschland zur Goldwährung überging, war die Kaufkraft aber bedeutend höher zu veranschlagen.

Regentschaft und Thronwechsel

Friedrich Wilhelm IV. war seit 1857 nach mehreren Schlaganfällen zunehmend von Krankheit gezeichnet. Am 7. Oktober 1858 übergab er die Regentschaft an seinen jüngeren Bruder Wilhelm Prinz von Preußen. Am 2. Januar 1861 starb Friedrich Wilhelm IV. und sein Bruder bestieg als Wilhelm I. den Thron.

Wilhelm I., seit 1858 Prinzregent, wird 1861 König von Preußen

War bisher die Leitung des Frauen-Vereins auf die Person und den Hof Friedrich Wilhelms IV. orientiert gewesen, so verloren die führenden Männer der „Kamarilla" mit der Regentschaft und dem Thronwechsel an Einfluss. Und dieser Prestigeverlust betraf auch die Ehefrauen der Granden, so zog eine Veränderung an der Spitze Preußens auch eine Veränderung an der Spitze des Frauen-Vereins nach sich. Die Geschäftsführung übertrug man 1860 dem Geheimen Finanzrat Julius Gamet (1804–1882), einem erfolgreichen Kaufmann und sozial engagierten Bürger, dem 1849 der Ehrentitel „Stadtältester" verliehen wurde. Jedoch waren alle sozialen Bindungen und die Stränge zu den oberen Etagen der Macht keine Gewähr dafür, dass es dem Magdalenenstift automatisch gut ging.

So entstand im März 1864 eine kritische Situation, als das preußische Abgeordnetenhaus die Zahlung von jährlich 2 200 Talern Zuschuss, die einst Friedrich Wilhelm IV. bewilligt hatte, aus dem Etat des Innenministeriums strich. Das zog einen zweijährigen Rechtsstreit nach sich, der oberflächlich betrachtet wie eine Farce wirkte. Denn schließlich klagte das Innenministerium gegen den Fiskus – also der Staat gegen den Staat. Schließlich entschied das Königliche Ober-Tribunal höchstrichterlich, der Staat sei zur Fortzahlung des Betrags von 2 200 Talern verpflichtet. Im Übrigen gingen alle Gerichtskosten zulasten der Staatskasse.

Was geschah während dieser Zeit hinter den Kulissen des öffentlich arbeitenden Justizapparats? Die Entscheidung des Abgeordnetenhauses vom 11. März 1864, die königlichen Zuwendungen für das Magdalenenstift zu streichen, kam nicht wie ein Blitz aus heiterem Himmel. Preußen hatte gerade erst einen dramatischen Verfassungskonflikt um die Roonsche Wehrvorlage von 1860 hinter sich gebracht, in deren Folge 1862 Otto von Bismarck (1815–1898) zum preußischen Ministerpräsidenten ernannt worden war. Dieser Verfassungskonflikt hatte sich einerseits zwischen Abgeordnetenhaus, in dem die Fortschrittspartei eine starke

Position hatte, und dem König und seiner Ministerialbürokratie andererseits sehr scharf zugespitzt. Das lag erst zwei Jahre zurück und die gegenseitigen Animositäten waren längst nicht ausgeräumt. Das preußische Abgeordnetenhaus, das 1862 im Verfassungskonflikt mit dem König unterlegen war, suchte jedenfalls sein Etatrecht ungeschmälert zu bewahren. Und da es gegen die Finanzierung der Heeresreform nichts mehr tun konnte, suchte es sich eben Nebenschauplätze, auf denen es königlichen Alleingängen, die vermeintlich das Etatrecht des Landtags beschnitten, entgegentreten konnte. Und ein solcher Nebenschauplatz war der Haushaltstitel „Unterstützung des Magdalenenstifts", der auf eine königliche Cabinets-Ordre zurückging. Dass der preußische Fiskus den Prozess gegen das Magdalenenstift verlor, war also höheren Orts durchaus erwünscht gewesen. Das Magdalenenstift war ungewollt und eher zufällig zwischen die Linien eines Konflikts geraten, der mit der „Magdalenensache" inhaltlich gar nichts zu tun hatte. Der eigentliche Verlierer des Prozesses war eine Partei, die gar nicht vor Gericht stand: das preußische Abgeordnetenhaus.

Ein Tag im Magdalenenstift

Im Mai 1856 hatte Auguste von Trützschler (1811–1881) das Amt der Oberin im Magdalenenstift übernommen. Sie würde es bis 1867 ausüben. Zu den Förderern des Magdalenenstifts gehörte zu dieser Zeit der Geheime Medizinalrat Dr. Hermann Quincke. Mit seinem Freund Gustav Rasch, einem Wirtschaftsjuristen, der wegen seiner Beteiligung an der Revolution von 1848 ein Jahr Festungshaft erduldet hatte, besuchte er im Januar 1860 das Magdalenenstift bei den Pulvermühlen. Rasch berichtete darüber im Heft 6 des viel gelesenen illustrierten Familienblattes *Die Gartenlaube*.

Das Haus der Büßerinnen.
Von Gustav Rasch.

Es war ein heller, heitrer Wintertag, ein Tag voll Sonnenschein, blauen Himmels und milder Luft, wie ihn der Januar Norddeutschland selten zum Geschenk macht. Ich fuhr, wie ich es häufig thue, mit einem mir befreundeten Arzte in den Straßen Berlins umher, und ließ mir von ihm Freude und Weh in der praktischen Ausübung seiner Wissenschaft erzählen.

„Haben Sie denn schon einmal", fragte er mich, indem eine Krankheitsgeschichte voll Jammer und Elend ihn unwillkürlich auf den Gegenstand führte, „von dem Magdalenenstift gehört?"

„Gehört wohl", erwiderte ich, „aber wenn ich nicht irre, ist auch dieser neue Versuch der Humanitätsprincipien unseres Jahrhunderts eingegangen, er hat keine Erfolge gehabt. In Deutschland gibt es, außer dem hiesigen, nur noch ein solches Asyl, es heißt Bethesda und liegt bei Boppard am Rhein."

„Nein, eingegangen ist es nicht, doch weiß ich auch nichts Näheres darüber. Johann, nach Magdalenenstift!"

Der Kutscher trieb die starken, braunen Mecklenburger an, der Wagen rollte im starken Tempo durch die Straßen und bald befanden wir uns am Unterbaum, passirten dort zu Fuß die starke Eisdecke der Spree und standen am andern Ufer. Vor uns dehnte sich das freie Feld aus, rechts erhoben sich in der Ferne die Zinnen und Thürme des pennsylvanischen Gefängnisses, links, mitten auf dem Felde, sahen wir einen von Bretern und Pfählen gebildeten Zaun, der, hier und da von Buschwerk umgeben und verborgen, einen ziemlich großen Raum in Quadratform umschloß. Es blieb uns nichts anderes übrig, als unseren Weg nach dem Zaun zu nehmen, um uns dann weiter zu orientiren. Wir waren richtig am Ziel unserer Wanderung angekommen. Eine kleine Metallplatte, im Sommer ganz im Gebüsch verborgen, trug die Aufschrift: „Eingang zum Magdalenenstift", eine Klingelschnur hing daneben. Wir standen vor dem Hause der Büßerinnen.

Ich zog die Klingel. Ein lang verhallender Ton antwortete, und bald öffnete sich die schmale, unscheinbare Holzthüre, und in derselben erschien ein junges Mädchen mit blühendem, hübschem Gesicht, in einem einfachen Kattunkleide und weißem Brusttuche, und fragte, was wir wünschten.

„Wir wünschen die Frau Oberin zu sprechen, melden Sie uns an, mein Kind," erwiderte der Geheimerath und nannte seinen Namen. „Ist die Frau Oberin zu Hause?"

„Die Frau Oberin geht niemals aus", sagte das Mädchen und ging voraus. Wir standen im Innern der Umzäunung und hatten, bis sie zurückkam, Zeit genug, uns umzusehen. Vor uns lag ein, wie es schien, wohlgepflegter Küchengarten, der sich nach allen Seiten hin bis an die Grenzen des etwa acht Fuß hohen Zaunes ausdehnte und eine Reihe theils einstöckiger, theils zweistöckiger Gebäude umgab. Das Ganze machte den Eindruck eines einfachen Landhauses mit einigen Wirthschaftsgebäuden. Eine friedliche Stille lag über dem ganzen Raume ausgebreitet, durch nichts als durch das Brüllen einer Kuh unterbrochen; Alles machte den Eindruck von großer Ordnung, Wirthschaftlichkeit und Sauberkeit.

„Wenn der hohe Zaun nicht wäre", sagte ich zu meinem Begleiter, „glaubte ich mich in das Landhaus eines meiner Freunde versetzt, den ich einmal in der Nähe von London besuchte. Ich lernte ihn auf einer meiner italienischen Reisen in Venedig kennen."

Ich hatte kaum ausgesprochen, so trat eine große Frauengestalt aus dem Hause. Sie war noch jung, noch nicht über die Mitte der Dreißig hinaus, ihre Gesichtszüge verriethen viel Intelligenz und Gutmüthigkeit, ihre schönen braunen Augen hatten einen seelischen Ausdruck. Ich mußte sie schon einmal irgendwo gesehen haben, in anderen Verhältnissen, in anderer Umgebung, vor zehn, fünfzehn Jahren, vergebens rieth ich hin und her, ich konnte den Platz für diese Gestalt in meinen Erinnerungen nicht wieder finden. Meine Gedanken irrten hin und her, immer blieben sie an der Schwelle eines glänzend erleuchteten Ballsaales stehen. Aber es war nicht möglich! Die Frau war ganz in Schwarz gekleidet, ein schmaler, weißer Streif umschloß ihren Hals, ihr Kopf war mit einer weißen, kleinen, enganliegenden Haube bedeckt. „Ich bin die Oberin dieses Hauses", redete sie uns an, „die Herren wünschten mich zu sprechen?"

Der Geheimerath stellte sich und mich der Dame vor, und sprach ihr unsern Wunsch aus, das Stift und seine Bewohnerinnen zu sehen.

„Ich werde mir ein Vergnügen daraus machen, den Wunsch der Herren zu erfüllen", erwiderte die Frau, „wollen Sie erst in meine Wohnung kommen, damit ich Ihnen einige nähere Ausschlüsse gebe!"

Wir stiegen eine Treppe hinauf. Die eine Thür des Treppenflurs führte in die Wohnung der Oberin. Es waren zwei einfache Zimmer, ein Wohnzimmer und ein Schlafzimmer. An das Schlafzimmer stieß ein zweites Schlafzimmer. Es standen drei einfach, aber sehr reinlich bezogene Betten darin. „Hier schlafen drei junge Mädchen aus diesem Hause", sagte die Oberin, „die ich ganz in meiner Nähe habe, da sie erst seit Kurzem hier verweilen und den Weg zur Besserung erst kürzlich betreten haben." Das Wohnzimmer war sehr einfach eingerichtet, ohne jeden Luxus; aber doch sah man an der Ordnung, Zierlichkeit und an einem gewissen Comfort, der sogar in dieser Einfachheit wieder zu erkennen war, daß hier eine Dame von Stande wohnte, welche ehemals in der Welt in ganz anderen Verhältnissen gelebt hatte. Ich dachte wiederholentlich an den Ballsaal, ohne sie doch darin in einer bestimmten Gestalt wieder erkennen zu können. An der Wand hing ein gekreuzigter Christus, gegenüber über dem Sopha ein Kupferstich, ein Bild der Magdalena als Büßerin, nach der das Haus seinen Namen führte. „Wollen die Herren nicht Platz nehmen?", sagte die Oberin und setzte sich mit dem Anstande einer Dame von Welt auf das Sopha. Der Geheimerath und ich ließen uns auf zwei am Tische stehende Rohrsessel nieder. „Ich werde Ihnen nun Einiges von diesem Hause und den hier befindlichen Mädchen erzählen", fuhr die Oberin fort.

„Das Haus ist von Ihrer Majestät der Königin gegründet worden, und steht auch noch heute unter ihrer besonderen Protektion, sowie unter Protektion der Frau Prinzessin von Preußen. Die meisten Mittel erhält die Anstalt aus Staatsfonds, welche der

König dazu anweist. Die Beiträge, welche uns aus der Stadt zufließen, sind leider nicht von Bedeutung. Der Erwerb des Hauses für Wäsche und Handarbeiten, welche uns aus der Stadt zugeschickt und hier besorgt werden, beträgt durchschnittlich jährlich wenig über dreihundert Thaler. Für einige von den Mädchen, welche im Hause sind, werden von Freunden, Verwandten oder wohlthätigen Herzen Kostgelder bezahlt. Das Kostgeld beträgt sechzig Thaler jährlich. Jedoch übersteigt die Summe der Kostgelder auch kaum dreihundert Thaler alle Jahre. Der Ertrag der mit dem Hause verbundenen Feld- und Viehwirthschaft wird zur Ernährung der Mädchen verwandt und liefert zur Unterhaltung des Hauses bedeutende Beiträge. Unsere Einnahmen betragen an 4000 Thaler, unsere Ausgaben einige hundert Thaler weniger. Die Zahl der hier befindlichen Mädchen beträgt durchschnittlich 33–36, und die Unterhaltungskosten für jedes Märchen schlagen wir jährlich zu 83 Thaler an. Sie sehen, meine Herren", schloß die Oberin lächelnd ihren kurzen Finanzbericht, „unsere Einnahmen übersteigen immer noch unsere Ausgaben, und der Fond, den wir haben, hat sich von fünfhundert schon auf anderthalbtausend Thaler erhöht. Leider erlauben uns unsere nicht bedeutenden Mittel nicht, soviel Plätze einzurichten, wie wir wohl einrichten möchten. Die Zahl der unglücklichen Mädchen, welche hier Ausnahme erbitten, oder für welche Andere dieselbe suchen, ist so groß, daß mindestens drei bis vier neue Asyle eingerichtet werden müßten."

„Wie ist denn nun die Einrichtung dieses Hauses, Frau Oberin?", fragte der Geheimerath. „Sie können doch unmöglich dieser großen Einrichtung allein vorstehen?"

„Nein, das wäre nicht möglich", erwiderte die Oberin des Magdalenenstiftes. „Ich werde in meinem Wirken von einem hier angestellten Prediger und vier Mithelferinnen unterstützt. Das Erbarmen mit einzelnen Unglücklichen, die uns nahe traten, und das Verlangen, dieselben zu retten, hat unser Magdalenenstift hervorgerufen, und auf dem Grunde dieses Erbarmens hat es sich weiter ausgebreitet. Es bietet gefallenen und sittlich verderbten Mädchen, die den Weg des Lasters verlassen wollen, eine Zuflucht. Die Mädchen werden hier fleißig zur Religion, zur Arbeit und

Ordnung angehalten, so daß sie nach etwa ein bis zwei Jahren als brauchbare Dienstboten entlassen werden können. Wie ich Ihnen schon mittheilte, ist ein Prediger an der Stiftung angestellt, der außer dem sonntäglichen Gottesdienste im Betsaal des Hauses alle Tage Morgen- und Abendandacht hält. Ich selbst leite die ganze Oekonomie, die Beschäftigung und Erziehung der Mädchen und die Krankenpflege. Die Fürsorge für die Gesundheit hat ein hiesiger Arzt freiwillig übernommen. Die Mädchen werden durch die sechs Mithelferinnen, von denen Eine die Wirthschaft und eine Andere die Küche besorgt, fortwährend beaufsichtigt und zur Arbeit angewiesen. Die Arbeiten bestehen in Nähen, Waschen, Stricken, in Haus-, Garten- und Feldarbeiten. Um die Mädchen auch durch schwerere Arbeiten zu kräftigen, ist nämlich außer dem geräumigen Garten noch ein Stück Landes in der Nähe des Hauses gemiethet, welches unter Anleitung des Gärtners der Anstalt von ihnen bearbeitet wird. Dadurch wird zugleich der Bedarf an Gemüse und Kartoffeln, sowie die Erhaltung des kleinen Viehstandes der Anstalt bedeutend billiger erlangt. Da die meisten Mädchen bei ihrem Eintritt körperlich, wie geistig verkommen sind und nichts ordentlich verstehen, ist der baare Ertrag der Arbeiten verhältnißmäßig ziemlich unbedeutend. Das Meiste wird noch durch Nähen erworben, worin Manche eine ziemliche Geschicklichkeit erlangen. Für geistige Forderung und Unterhaltung ist eine kleine Bibliothek guter christlicher Volksschriften vorhanden, woraus die Aufseherinnen bisweilen bei der Arbeit vorlesen und womit sich die Mädchen an Sonntagen und Festtagen, an welchen sie sich auch im Schreiben üben, beschäftigen. Auch wird der Gesang fleißig getrieben und in zwei Stunden wöchentlich darin besonderer Unterricht ertheilt. Im Sommer wird um fünf Uhr, im Winter um sechs Uhr aufgestanden, alsdann wird ein Spruch aus der heiligen Schrift vorgelesen und die aufgegebenen Schriftstellen oder Liederverse gelernt; darnach werden häusliche Arbeiten besorgt, und im Sommer um sechs, im Winter um sieben Uhr gefrühstückt; eine Viertelstunde nachher versammeln sich Alle zur gemeinsamen Morgenandacht. Nach der Andacht beginnt der Unterricht, und nach diesem die Arbeit, die bis zwölf Uhr dauert. Alsdann findet das Mittagessen statt, woraus um ein Uhr wiederum die Arbeit beginnt, die um vier Uhr durch den Kaffee eine Viertelstunde unterbrochen wird, dann bis zum Abendessen um acht Uhr fortdauert und nach diesen, noch bis neun Uhr fortgesetzt wird, worauf um halb zehn Uhr mit einer Abendandacht geschlossen wird. Nicht wahr, Herr Geheimerath, nun haben Sie auch ein Bild von unserer Hausordnung?"

„Ich habe neulich von einer anderen Hausordnung gelesen, Frau Oberin, auch in einem Zufluchts- und Besserungshause – es ist in Berlin am Alexanderplatz; aller Schmutz der Menschenseelen und der Armuth wird dort aufeinander geworfen, wie ein großer Kehrichthaufen, um für einige Zeit von der Straße zu verschwinden und dann in anderer Weise wieder zu erscheinen. Diese Anstalt könnte sich Ihre Hausordnung als Muster nehmen."

„Alle, die in der Anstalt ausgenommen werden", fuhr die Oberin fort, „müssen sich derselben Ordnung unterwerfen und die vorgeschriebene einfache Kleidung tragen. Auf Reinlichkeit, Ordnung und Pünktlichkeit wird sorgfältig gehalten, und jeder Ungehorsam, sowie jede Lüge ernstlich gerügt und unter Umständen angemessen bestraft. Als das einzige rechte Mittel, von Sünden frei zu werden, sehen wir aber immer die wahre Herzensbekehrung an, und obwohl eine strenge Zucht für solche Personen, die nie an Zucht und Ordnung gewöhnt wurden, durchaus nothwendig ist, suchen wir doch bei aller Strenge überall die Liebe hervortreten zu lassen und uns vor gesetzlichem Methodismus zu hüten."

„Sie haben von strengen Strafen gesprochen, Frau Oberin", unterbrach ich ihre Rede, „worin bestehen denn diese? Wenden Sie hier auch Schläge an, wie in allen Zuchthäusern und Besserungsanstalten? Gehen Sie auch von der Idee aus, daß das Menschenherz ohne Stockschläge keiner Besserung fähig ist?"

„O nein", gab die Frau mit lächelnder Miene zur Antwort; „hier waltet die Liebe in ihrer Barmherzigkeit, und nicht der Stock. Geschlagen wird hier nie. Wir haben oben im Hanse eine Bodenstube – Sie sollen sie sehen, mancher Proletarier wohnt mit Frau und Kindern sein Lebelang in einer solchen Stube, – das ist unser Gefängniß, und die Gefängnißstrafe besteht darin, daß ein Mädchen, bei der alle Ermahnung und alle Liebe nichts hilft, dort oben einige Tage allein wohnt und allein schläft. Ich selbst bringe ihr dann Morgens, Mittags und Abends das Essen und nehme sie dann zu mir in das kleine Zimmer neben meinem Schlafzimmer, das Sie so eben gesehen haben."

„Wann werden denn die Mädchen entlassen, und bleiben Sie mit ihnen auch nach ihrer Entlassung in einer Verbindung, um sie weiter zu beaufsichtigen und auf sie zu wirken?"

„Allerdings. Die Mädchen werden gewöhnlich nach zwei Jahren entlassen. Sie müssen sich aber nicht denken, daß sie gezwungen sind, zwei Jahre hier zu bleiben. O nein, gehen kann Jede, wenn sie will. Sie kommen freiwillig und gehen freiwillig. Das Haus der Büßerinnen ist keine Gefangenenanstalt. Auch beweisen fast Alle, die als gebessert entlassen sind, noch fortwährend Anhänglichkeit und Liebe zur Anstalt. Wir verschaffen ihnen dann durch unsere Verbindungen einen Dienst, bei Bekannten in der Stadt, aber am liebsten auf dem Lande, bei Predigern und Gutsbesitzern. Sie werden aber nur in solche Häuser gegeben, wo wir sie sorgfältig beobachtet und unter dem Einflüsse einer strengen Moralität wissen. Sie erhalten ihre Kleidung und ihre ganze Ausstattung für den Dienst von der Anstalt, und da ihr Lohn an dieselbe ausgezahlt und ihnen bewahrt wird, verdienen sie auch ihre Ausrüstung bald ab, und haben nach Ablauf der Zeit noch etwas erspart. Wir haben ein Mädchen hier im Stift gehabt, die sich hernach in ihrem Dienst über zweihundert Thaler erspart hat. Jetzt ist sie gut und glücklich verheirathet. Auch sind sie verpflichtet, wenn sie in unserer Nähe bleiben, wenigstens alle vierzehn Tage zum Gottesdienst in die Anstalt zu kommen. Zur Abendmahlsfeier kommen sie aus der Ferne halbjährlich. Wenn sie aber während der ersten Jahre erkranken, oder sich etwas zu Schulden kommen lassen, werden sie vorläufig wieder in die Anstalt zurückgenommen. Hier, lesen Sie die Bedingungen für die Herrschaften, welche Mädchen aus dem Magdalenenstift in Dienst nehmen."

– Mit diesen Worten überreichte die Frau Oberin mir ein gedrucktes Blatt, und ich las: „Die Herrschaften verpflichten sich, die Mädchen vor sittlichen Gefahren möglichst zu behüten. Zu dem Ende ist den Mädchen alle Theilnahme an öffent-

lichen Vergnügungen und jeder andere Verkehr, als der mit der Anstalt selbst oder ein von derselben erlaubter, zu untersagen.
- Die Herrschaften zahlen den Lohn und etwaige Geldgeschenke der Mädchen vierteljährlich an die Anstalt. Die Mädchen dürfen durchaus kein Geld in Händen haben, und müssen auch das als Geschenk empfangene der Herrschaft übergeben. Ebensowenig dürfen sie ohne Wissen der Herrschaft Briefe absenden oder annehmen.
- Die in Berlin und der Umgebung wohnenden Herrschaften schicken die Mädchen mindestens alle vierzehn Tage zu dem Vormittagsgottesdienst, und wenigstens zweimal im Jahre zur Beichte und zum heiligen Abendmahl, wenn irgend möglich, für einen ganzen Tag, in die Anstalt; außerdem einmal in jedem Monat Sonntags Nachmittags und Abends und zweimal im Jahre an Festtagen der Anstalt. Die entfernter wohnenden Herrschaften lassen die Mädchen möglichst oft, mindestens jeden zweiten Sonntag, zur Kirche gehen, und geben ihnen zweimal im Jahre, um das heilige Abendmahl in der Anstalt zu feiern, zwei freie Tage.
- Wegen der Kündigung und Entlassung der Mädchen haben die Herrschaften sich nur an die Anstalt zu wenden. Wenn die Entlassung vor Ablauf der Wiederzugsfrist nothwendig ist, müssen die Mädchen der Anstalt überliefert werden. Bei Abwesenheit der Herrschaften oder in Krankheitsfällen können dieselben der Anstalt gegen eine billige Vergütigung übergeben werden."

„Welche Resultate haben denn Ihre Bemühungen?", fragte ich und gab der Oberin des Büßerinnenhauses das Blatt zurück. „Sind sie Ihren Wünschen entsprechend?"

„Meinen Wünschen entsprechend? Nein. Aber befriedigt würde ich sein, wenn ich jährlich nur ein einziges dieser elenden und verkommenen Geschöpfe retten könnte. Nach den Erfahrungen, welche ich hier gemacht habe, würden unsere Anstrengungen bei einem Drittel der Mädchen Früchte tragen, wenn Alle zwei Jahre hier blieben. Leider ist dies nicht der Fall, und so kann ich auch als Durchschnittszahl nicht ein Drittel annehmen. Wir erhalten hier die verwahrlostesten und elendesten Geschöpfe von der Welt, körperlich gänzlich ruinirt, moralisch auf's Tiefste gesunken. In ihrer Seele toben alle schlechten Leidenschaften. Nur eine Eigenschaft haben sie nicht, die Demuth und den Gehorsam. Eitel, neidisch, zänkisch, unbändig, roh bis zum höchsten Grade, sind sie zuerst allen Ermahnungen und Bitten abhold. Ihre Seele muß erst durch die Liebe und durch die Religion gezähmt werden, bis wir bei ihr Eingang finden. Der Standpunkt der geistigen Bildung der Mädchen ist meistens gleich Null. Wir müssen alle Keime erst pflanzen und wecken, um darauf irgend eine Besserung zu gründen. Es werden uns oft Mädchen von dreizehn bis funfzehn Jahren gebracht, die von ihren Eltern und Vormündern schon gänzlich aufgegeben sind. Das Krankenhaus und das Gefängniß schickt uns die verworfenstes Geschöpfe, welche jede Stufe der geistigen und körperlichen Schande hinabgestiegen sind, und doch tragen unsere Bemühungen gerade bei ihnen oft die besten Früchte. In der That hat mancher dieser Unglücklichen niemals Jemand sich in rechter Liebe angenommen. Viele von ihnen sind von rohen und verkommenen Eltern, häufig von Stief- und Pflegeeltern, – manche haben wenigstens einen Vater niemals gekannt – von Kindheit an verdorben und ohne Erziehung, ohne alle Anweisung zur Arbeit und Ordnung im Elende aufgewachsen und schon früh zu der Sünde angeleitet worden. Soll es mir da nicht eine große Freude machen, wenn ich ein solches unseliges Geschöpf einem reinen und sittlichen Leben wieder zuführe, wenn ich ihre tiefgesunkene Seele aus dem Sumpf dieses Lebens errette? O, ich erlebe oft große Freude mit diesen Mädchen. Noch gestern erhielt ich einen Brief von Einer, welche jetzt schon mehrere Jahre von hier entlassen und bei einer befreundeten Gutsbesitzerfamilie im Dienst ist. Wie habe ich mich über diesen Brief gefreut! Sie war ein schönes, reizendes Geschöpf, tief gesunken, unbändig, voll schlechter Leidenschaften, und doch ist sie so brav, so vortrefflich geworden. Zu meinem großen Schmerze muß ich Ihnen freilich gestehen, daß oft alle Bitten und Bemühungen vergeblich sind. Niemand ist hier unfreiwillig. Jedes Mädchen kann gehen, sobald sie will. Die Thüre, durch welche Sie in unser stilles Haus getreten sind, steht Jeder offen. Ist sie gegen alle Vorstellungen des Predigers taub, setzt sie allen meinen Ermahnungen und Bitten Widerstand entgegen, so halten wir sie keine Stunde mehr fest. Nur die christliche Liebe soll die Mädchen mit diesem Hause verbinden, niemals der Zwang."

So sprach die Oberin des Hauses der Büßerinnen und erhob sich. Die innere Erregung, mit der sie von den Freuden und Leiden ihres Hauses sprach, hatte ihr blasses Gesicht leicht geröthet. „Wollen Sie jetzt unser Haus und die Mädchen sehen, meine Herren?", sagte sie, und bejahend standen wir aus. Von dem Treppenflur führte eine andere Thüre in ein Arbeitszimmer der Mädchen. Es war freundlich, warm und hell. Die Aussicht ging auf den Garten und das Feld. Um einen Tisch saßen sechs junge Mädchen, alle, wie es schien in dem Anfang der zwanziger Jahre, alle gesund, frisch und heiter aussehend, mehrere von sehr hübschen Gesichtszügen. Als wir eintraten, standen sie alle auf. Zerschnittene Kleiderstoffe lagen auf dem Tische, vor dem Tische saß eine junge Dame, in die Tracht der Helferinnen des Hauses gekleidet; sie trug ein schwarzes wollenes Kleid und eine weiße Schürze mit Brustlatz. Sie hatte ein Buch in der Hand, aus dem sie den Mädchen vorgelesen hatte. „Es gehen nächstens zwei von meinen Zöglingen fort", sagte die Oberin, „und ziehen in einen Dienst; da besorgen wir nun die Ausstattung und nähen ihnen die Kleider, welche sie mitnehmen, und während der Arbeit liest Fräulein von ** vor." Dann sprach mein ärztlicher Freund mit einigen von den Mädchen, sich nach ihrem Gesundheitszustand erkundigend. Ich machte vor kurzem einen Besuch in dem Hause des Elends am Alexanderplatz, welchen in der Acten- und Geschäftssprache der preußischen Büreaukratie sehr uneigentlich „das Arbeitshaus" heißt. Als ich durch die Säle ging, in denen die liederlichen Mädchen detinirt werden, lachten sie mich an, kicherten mit einander und machten sich gegenseitig freche Bemerkungen. Die Mädchen, welche hier im Hause der Büßerinnen die Kleider ihrer scheidenden Genossinnen nähten, standen bei ihrem Eintritt wahrscheinlich auf einer weit tieferen Stufe der Verdorbenheit und Gesunkenheit. Und sie hatten die Schamlosigkeit und Frechheit auf ihren Gesichtern und in ihrem Wesen alle abgelegt. Niemand, der sie nicht kannte, wäre im Stande gewesen, die Geschichte ihrer Vergangenheit in ihren Zügen zu lesen.

Es waren die Gesichter der reuigen Magdalena, nach der das Haus seinen Namen führt. Nichts, keine Bemerkung, keine Bewegung, erinnerte an ihre schreckliche Vergangenheit, Alle hatten das Aussehen fleißiger, sittsamer Arbeiterinnen. „Sind Sie zufrieden mit Ihren Zöglingen?", fragte die Oberin Fräulein von **. „Ich habe nicht Ursache zu irgend einer Klage", erwiderte die Vorsteherin.

Dann gingen wir durch die Schlafzimmer, welche an das Arbeitszimmer stießen. Ueberall die größte Einfachheit, Ordnung und Reinlichkeit. Einige Mädchen gingen an uns vorüber, welche mit häuslichen Geschäften beauftragt waren. In ihrem Wesen war derselbe Ausdruck unverkennbar, wie bei den Mädchen in dem Arbeitszimmer, welche wir soeben gesehen hatten. Ueberall hätte man glauben sollen, man befinde sich in einer Pensions- oder Erziehungsanstalt für arme Mädchen. Es wurde dort unter Aufsicht und Mitwirkung einer Helferin die Wäsche gewaschen, welche der Anstalt aus der Stadt zur Besorgung zugeschickt wird. Welch ein Unterschied zwischen diesem Waschhause und dem Waschkeller des Arbeitshauses, dessen ich schon mehrmals erwähnt habe! Dort hatte ich die gemeinsten Schimpfreden und die frechsten Scherze gehört, welche mein Ohr jemals vernommen hat. Hier herrschte ein freundliches, ruhiges Wesen, ein gesittetes Benehmen; jede war mit ihrer Arbeit beschäftigt. Und doch waren es dieselben verwahrlosten Geschöpfe, welche ich in dem schrecklichen Waschkeller gesehen hatte. Die Milde und Erziehung, welche in den Räumen dieses Hauses herrschte, hatte ihre Herzen umgewandelt und veredelt. Eine Uhr schlug halb Eins. „Es wird gleich gegessen", sagte die Oberin; „wenn Sie wollen, können Sie bei unserem Mittagsessen gegenwärtig sein. Aber vorher, da Sie danach gefragt haben, will ich Ihnen doch unser sogenanntes Gefängniß zeigen; Sie könnten sonst von hier scheiden und den Gedanken mitnehmen, daß wir unsere Erziehung mit strengen Strafen machten." Wir stiegen dann wieder die Treppe hinauf und kamen auf den Boden des Hauses. An der einen Seite desselben war eine kleine Bodenkammer abgetheilt. Es war ein kleines Stübchen mit der Aussicht in's Freie. In demselben standen ein Tisch, ein Paar Stühle und ein sehr einfach bezogenes Bett. „Sehen Sie, dies ist unser sogenanntes Gefängniß, wenn Sie es so ansehen wollen", sagte die Oberin. Das Gefängniß sah aus wie die Stube eines armen Mannes, aber reinlich und hell.

Unten im Hause hatte das Mittagsessen bereits begonnen. Als wir den großen und freundlichen Saal betraten, fanden wir alle Mädchen an zwei weiß gedeckten, langen Tischen sitzend. Oben an dem Tische saßen die Vorsteherinnen des Hauses. Die Speisen bestanden aus Brühkartoffeln und Rindfleisch. Jedes Mädchen hatte einige Schnitte gutgebackenes Brod neben ihrem Teller liegen. Es schien Allen vortrefflich zu schmecken. Jede war nur mit ihrem Mittagessen und in, leisen Gespräch mit ihrer Nachbarin beschäftigt. Keine Einzige richtete ihre Aufmerksamkeit auf uns, als wir in den Saal traten und mit der Oberin langsam zwischen den Tischen durchgingen. Wenn ein Blick uns traf, so dauerte er nur eine Secunde. Wer in diesen Eßsaal trat, hätte, ohne es zu wissen, nie errathen, in welcher Gesellschaft er sich befand. Wir verabschiedeten uns von der Oberin und den Vorsteherinnen, und Erstere begleitete uns durch den Garten bis zu der kleinen Thüre, an der wir vor kurzem mit so großer Neugierde die Klingel gezogen hatten. Ich konnte nicht umhin, bevor wir den Garten verließen, der Oberin des Hauses meine Bewunderung auszudrücken über das, was ich gesehen und gehört hatte, und insbesondere meine Bewunderung über ihre eigene Aufopferung und Seelengröße, ihr Leben mit der Erfüllung einer so schwierigen Aufgabe hinzubringen, wie die war, welche sie hier übernommen hatte. „Darf ich wohl fragen", sagte ich, „wen ich die Ehre gehabt habe, heute kennen zu lernen, und jetzt meine ganze Bewunderung auszusprechen?"

Sie lächelte und sagte: „Ach, Sie wollen meinen Namen wissen, den ich einst in der Welt, jenseits der Mauern dieses stillen Hauses führte? Ich heiße von **."

Verwundert sah ich sie an. Ich erkannte sie sofort wieder.

„War Ihr Herr Vater nicht der Präsident von **, gnädige Frau?", sagte ich.

„Ja wohl, mein seliger Vater war der Präsident von **. Kannten Sie ihn?"

„Ich hatte die Ehre, Ihren Herrn Vater zu kennen", erwiderte ich, nahm den Hut ab und verbeugte mich tief zum Abschiede.

Fräulein von ** erkannte mich nicht mehr. Ich hatte sie oft früher in den glänzenden Gesellschaften der Residenz gesehen.

Die Thüre schloß sich hinter uns, und hinter uns lag das Haus der Büßerinnen, der stille Zufluchtsort für die elendesten und beklagenswerthesten Geschöpfe, welche auf Gottes schöner Erde leben. Wir gingen wieder zu dem Ufer des Flusses, und überschritten vorsichtig zum zweiten Male die ächzende Eisdecke. Drüben hielt unser Wagen. Dem Kutscher und den Pferden mochte die Zeit lang genug geworden sein.– „Wissen Sie, Doctor," sagte ich zu meinem ärztlichen Freunde, als wir im gestreckten Trabe nach der Stadt zurückfuhren, „ich habe heute wieder einen großen Menschen gesehen. Wie Sie wissen, durchstreifte ich im vorigen Jahre die östlichen Alpen und Ober- und Mittelitalien. Ich hörte in den Alpen von Geistlichen sprechen, welche an den Grenzen der Welt des Erstarrtseins wohnen, welche mitten in Eis und Schnee ein ganzes langes Leben der Seelsorge armer Bauern widmen. Ich dachte an die Säulenheiligen des Mittelalters, an jene unsterblichen Mönche und Einsiedler, welche in den ersten Zeiten des Christenthums ihr Leben für jene großen culturhistorischen Zwecke opferten. Ich stieg die Ouerthäler der Alpen hinauf bis zu den äußersten Grenzen der Vegetation, wo der erstarrende Tod nach den letzten Gräsern seine kalten Arme ausstreckt. Und was fand ich? Stupide Priester, welche ohne irgendeine hohe Idee ihrer großen Pflicht ihr Amt verwalteten, weil sie an dieser einsamen Stelle ihr kärgliches Brod aßen. Nur einmal fand ich in Italien einen Geistlichen, welcher, von dem Gedanken seines hohen Berufs begeistert, eine halbe Stunde von einer prächtigen, mit allem Luxus und allem Sinnenreiz geschmückten Stadt entfernt, einen schwierigen und mühevollen Beruf mit der ganzen Aufopferung eines begeisterten Menschen verwaltete. Es war der Pater Arzt in einem Irrenhause auf der kleinen Insel San Servolo in der Nähe von Venedig. Er gehörte zu dem Orden der Barmherzigen Bruder, und er hatte sich den Wahlspruch: „Fate bene fratelli" zu seinem Lebensprincip gewählt. Heute habe ich in der Oberin jenes stillen Hauses, welches wir soeben besucht haben, sein Ebenbild gefunden.

Der Bericht in der *Gartenlaube* stieß auf großes Echo. Viele Leser waren von der Arbeit des Magdalenenstifts und der Oberin Auguste von Trützschler so beeindruckt, dass sie sich zur Übermittlung von Spenden und Geschenken entschlossen. Aus den Namenslisten der Spender geht hervor, dass sich das Stift, das aus einer Initiative hochgestellter adliger Damen hervorgegangen war, nach zwei Jahrzehnten seines Wirkens auch in bürgerlichen Kreisen ein beträchtliches Renommee erarbeitet hatte.

Ein neues Grundstück

Die Spendenfreudigkeit ließ auch in den folgenden Jahren nicht nach. Der neue Geschäftsführer Wilhelm Köhn von Jaski (1809–1902) und die Schatzmeisterin Julie Baronin von Buddenbrock (1795–1872) konnten befriedigt feststellen, dass sich der Eingang von Beiträgen und Geschenken von 182 Talern im Jahr 1864 auf 264 Taler im Jahr 1866 erhöht hatte. Vor allem aber konnte ein Betrag von 1 274 Talern als „Geschenke zum Bau" verbucht werden.

Tatsächlich war nach jahrelangen Fehlversuchen die Grundstückssuche endlich erfolgreich gewesen. Im August 1863 hatte der preußische Finanzminister im Tegeler Forst ein Grundstück von knapp zweieinhalb Hektar Größe gefunden, das der Verein am 29. Oktober 1865 für 296 Taler erwerben konnte. Der Verein erhielt am 15. April 1866 die Baukonzession; mit dem Neubau konnte begonnen werden, das ganze Unternehmen war auf 23 000 Taler berechnet.

Gleichzeitig mit dem Grundstückserwerb verhandelte der Verein mit dem Vorstand des Siechenhauses Bethesda über den Weiterverkauf von etwa einem Drittel des eigenen Grundstücks. Darauf wollte Bethesda ein neues Gebäude errichten. Der Vorstand des Magdalenenstifts versprach sich von der räumlichen Nähe zu einer anderen Sozialeinrichtung „eine günstige Förderung unseres Werkes". Der Pflegedienst

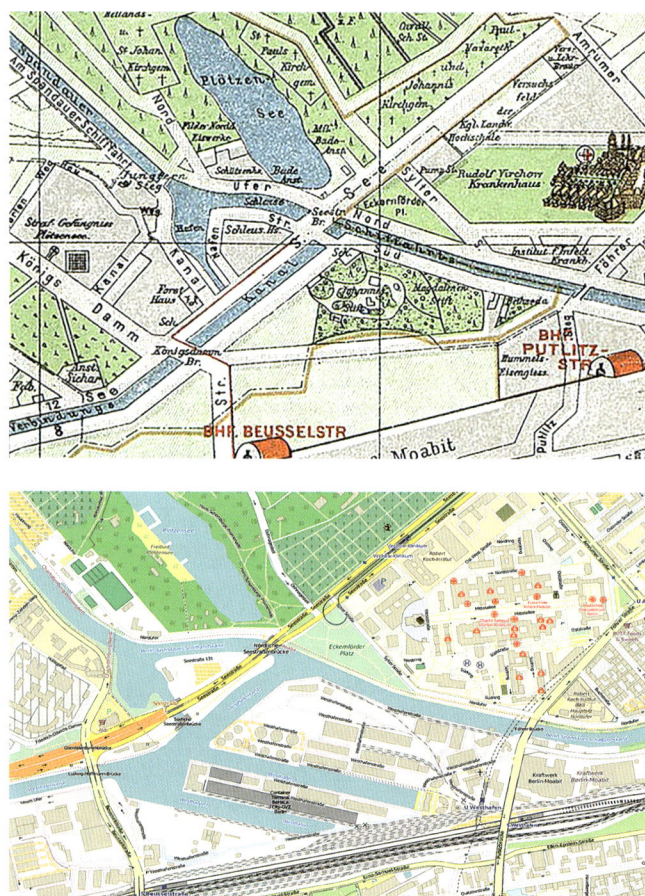

Lage des Magdalenenstifts auf einem Stadtplan von 1905. Unteres Bild: heutige Situation

im Siechenhaus Bethesda wurde von Diakonissen des Central-Diakonissenhauses Bethanien versehen. Ein weiteres Mal rückte das Magdalenenstift in unmittelbare Nähe zu den Diakonissen.

Das Magdalenenstift in Plötzensee (etwa 1884), Holzschnitt von Hermann Baudouin (1847–1911)

Im Sommer darauf war das Haus bezugsfertig. Am 18. Juni 1867 konnte das Magdalenenstift aus der ehemaligen Pulverfabrik in Moabit in den Neubau am Berlin-Spandauer Schifffahrtskanal umziehen. Karl Riemschneider (1829–1891), seit 1865 Pfarrer am Magdalenenstift, der zuvor fünf Jahre Erfahrungen als Gefängnispfarrer gesammelt hatte, gibt einen anschaulichen Bericht über den neuen Sitz des Stifts: „Das jetzige Magdalenenstift liegt also am Spandauer Schifffahrts-Canal unweit des Plötzensees. Es wird begrenzt vom evangelischen St. Johannisstift, vom Canal, von dem Siechenhause Bethesda und der Hamburger Eisenbahn. Der Raum, auf dem es sich ausbreitet, umfasst etwa sechs Morgen und ist zur Hälfte von einer massiven Mauer, zur anderen Hälfte von einem etwas gebrechlichen Bretterzaun eingeschlossen, der hoffentlich bald einer starken Mauer weichen wird. Die Gebäude, welche sich innerhalb der Einfriedung befinden, sind: das dreistöckige Hauptgebäude der Anstalt, ein zweistöckiges nach allen Anforderungen der Neuzeit errichtete Waschhaus, ein Portierhaus, das zugleich die Wohnung des Gärtners ist, und ein Stallgebäude für den kleinen Viehbestand der Anstalt." Dank dieses Berichts wissen wir etwas mehr auch über die Ausstattung der Anstalt: „In dem Hauptgebäude befinden sich in dem hohen Souterrain Küche, Keller, Speisesaal, Baderäume; im ersten Stockwerk die kleine, würdig ausgestattete Kapelle, die Wohnzimmer der Oberin mit dem Aufnahmezimmer der Novizen, der Lehrsaal, die Räume für eine Abtheilung der Mädchen und zwei Krankenstuben; im zweiten Stock sind die Wohn- und Arbeitsstuben der übrigen Mädchen-Abtheilungen und einige Vorratsräume; im dritten Stock, dem Dachgeschoss, sind außer einigen Helferinnenzimmern vorzüglich die Schlafzellen angebracht worden. Soweit die Beschreibung des Hauptgebäudes. Das Waschhaus umfasst außer den Kellern alle zum Waschen, Trocknen, Bügeln und Rollen nötigen Räume."[27] Auf den verbliebenen anderthalb Hektar Land, das zum Magdalenenstift gehörte, wurde Gartenbau und Landwirtschaft betrieben.

Bemerkenswert ist die strengere inhaltliche Ausrichtung des neuen Hauses, von der Karl Riemschneider berichtet: „Fanden nämlich früher unglückliche Mädchen aller Art ohne besondere Rücksichtnahme auf ihren speziellen Fall Aufnahme im Stift, so werden jetzt nur die angenommen, welche in die besonderen Sünden wider das sechste Gebot gefallen sind. Früher war unser Asyl ein Rettungshaus für verwahrloste Mädchen, jetzt ist es dagegen das, was es sein soll – ein Magdalenenstift."[28]

Diese deutliche Konzentration auf *ein* klar definiertes Arbeitsgebiet entfernte den Frauen-Verein und das Stift von den ursprünglichen Wohlfahrtsideen der Gründerinnen, die von Elizabeth Fry beeinflusst waren. Die Gründung des Vereins lag nun fünfundzwanzig Jahre zurück. Die Generation der Gründerinnen war von einer neuen Generation abgelöst worden. Lediglich Amélie von Schöning setzt ihre Besuche der Frauen, die ins Arbeitshaus eingewiesen worden sind, kontinuierlich fort; sie war fast die Einzige, die den Aspekt der „Besserung weiblicher Gefangener" im Vereinsstatut noch bediente.

Die Erfindung der Rabitz-Wand

Das neue Haus war für die Aufnahme von vierzig Frauen eingerichtet worden. Aber schon ein Jahr nach der Einweihung musste an- und umgebaut werden. Eveline von Bardeleben (1820–1872) war auf Betreiben der „Protectorin" des Stifts, König Augusta, zur Oberin ernannt und im Februar 1867 vom Vorstand auch gewählt worden. Sie reiste nach Boppard, Kaiserswerth – wieder stellt sich die Nähe zu Fliedners Diakonissenhäusern her – und Steenbeek, um sich mit der Arbeit der dortigen Madgalenen-Anstalten vertraut zu machen. In technischer Hinsicht muss sie Steenbeek besonders beindruckt haben, dort hatte man die – von Pfarrer Riemschneider in seinem Bericht erwähnten – Schlafzellen eingebaut. In Plötzensee wird beim Umbau und der Erweiterung das gleiche Konzept umgesetzt. Dabei gelang es der Anstaltsleitung, den Maurermeister Carl Rabitz als Bauunternehmer zu gewinnen, der nicht nur viele Arbeiten für das Stift kostenlos ausführte, sondern darüber hinaus auch die Technik der Gipsdrahtwände, die er gerade entwickelte, für den leichten und kostengünstigen Einbau der Schlafzellen nach Steenbeeker Vorbild nutzte. Das Verfahren der Gipsdrahtwände erlaubte eine individuelle Formung der Wandgestaltung (bis hin zum Gewölbe) und es ermöglichte die Herstellung der Wandplatten im liegenden Zustand auch durch weniger qualifizierte Hilfskräfte – ein Faktor, der sich positiv auf die Baukosten auswirkte. Eine Massenherstellung in eigenen Fabrikationsstätten wäre zwar theoretisch möglich, praktisch aber undurchführbar gewesen, weil es weder geeignete Fahrzeuge noch geeignete Straßen gab, um das relativ empfindlichen Material von der Fabrik zur Baustelle zu transportieren.

Auch die Finanzierung der Baukosten gelang dem neuen Vorstand. Die veranschlagten (und finanziell gedeckten) 23 000 Taler reichten nicht aus. Am Ende landete man bei 34 000 Talern, darüber hinaus schlug die Mauer, die Pfarrer Riemschneider in seinem Bericht bereits anmahnte, erheb-

> Carl Rabitz (1823–1891) war Maurermeister, Stuckateur und Erfinder. Er entwickelte einen feuersicheren Deckenputz unter Holzbalken. In den 1860er-Jahren entwickelte er für nichttragende Trennwände, Verblendungen von Luftschächten und Rohrleitungen eine Leichtbaumethode aus Gipsdrahtwänden, die als sogenannte Rabitz-Wände in die Baugeschichte eingingen. Dabei wird zunächst eine tragende Drahtgitterkonstruktionn hergestellt, auf die dann Putzmörtel aufgetragen werden kann. 1878 ließ er sich die Gipsdrahtwände patentieren. Bis heute wird nach der Rabitz-Methode gearbeitet, zum Beispiel im Stahlbau, in der Raumgestaltung und in der Denkmalpflege sowie beim Brandschutz. Rabitz gilt außerdem als Pionier der begrünten Flachdächer.

lich zu Buche. Dem Vorstand gelang es aber, bis 1870 den Fehlbetrag mittels Spenden, einem Gemäldeverkauf und verschiedenen Vortragveranstaltungen wieder hereinzubekommen. Wilhelm Köhn von Jaski (1809–1902), Geschäftsführer des Magdalenenstifts seit 1866, gelang es, bei Innenminister Friedrich zu Eulenburg einen Zuschuss von 2 000 Talern als zinsfreies Darlehen „zu einem gemeinnützigem Zweck" herauszuschlagen – sicher eines der wenigen Beispiele, dass ein Mauerbau einem – wenigstens fiskalisch gesehen – gemeinnützigen Zweck diente.

Köhn von Jaski erreichte aber noch mehr für das Magdalenenstift. Mit Allerhöchster Cabinets-Order vom 8. Februar 1869 wurde dem Verein erstmals eigenes Vermögen zuerkannt. In zeittypisch umständlicher Amtssprache wurde dem zuständigen Landrat mitgeteilt, dass der preußische Staat auf seine bislang vorbehaltenen Eigentumsrechte an dem Vereinsgrundstück verzichte (bislang hatte der Verein dafür zwar einen Besitztitel, aber jetzt ging das Grundstück in sein Eigentum über). Auf dieses Eigentum wurde eine Grundschuld von 7198 Talern, zweiundzwanzig Silbergroschen und sechs Pfennige eingetragen, ferner wurde auch das zinsfreie Darlehen von 2000 Talern (für den Mauerbau) hypothekarisch besichert. Noch wichtiger aber war, dass er König entschied, „denjenigen Darlehen, welche der Verein anderweitig noch aufnehmen möchte, eine prioritätische Eintragung zuzugestehen". Dadurch konnte der Verein wirtschaftlich selbstständig handeln und musste gegenüber der Krone nicht ständig als Bittsteller auftreten.

1870 war das Magdalenenstift bei Berlin, wie es sich jetzt nannte, im Durchschnitt mit fünfundsiebzig Frauen belegt. Statt der ursprünglich vier wirkten jetzt elf Helferinnen, deren Arbeit weniger als bloße Beaufsichtigung und immer mehr als Erziehungsarbeit verstanden wurde.

Eigene Schwesternschaft

Dass Deutschland am 18. Januar 1871 Kaiserreich wurde, löste eine allgemeine Hochstimmung aus. Auch im Magdalenenstift dürfte der Anbruch einer neuen Zeit gefeiert worden sein. Am 16. Mai 1871, beim festlichen Einzug der siegreichen Truppen in der Hauptstadt, war ganz Berlin auf den Beinen. 150000 Taler stiftete die Stadt Berlin für dieses Ereignis. 113000 Taler kostete allein die Ausschmückung der Einzugsstraßen, 15000 Taler die abendliche Illumination. Längs der Einzugsstraße wurde Spalier gebildet. Ende des Jahres wurde die Feststimmung noch zusätzlich vergoldet. Das Gesetz betreffend die Ausprägung von Reichsgoldmünzen schuf eine neue Währung – die Mark. Die ersten Goldmünzen zu zehn und zwanzig Mark wurden schon 1872 geprägt.

Am 2. Juni 1872 starb überraschend Oberin Eveline von Bardeleben. Sie hatte ihr Amt erst 1867 angetreten. Am 23. August starb Schatzmeisterin Julie von Buddenbrock. Alfred Ragotzky, der erst 1871 Karl Riemschneider als Anstaltsgeistlicher gefolgt war, trat am 1. September 1872 eine

Goldenes Zwanzigmarkstück von 1873

Pfarrstelle in der Provinz Sachsen an. Der so erfolgreiche Geschäftsführer Wilhelm Köhn von Jaski schied am 30. September 1872 aus dem Vorstand aus und zog nach Görlitz. Naturgemäß führten solche personellen Veränderungen innerhalb kurzer Zeit in einem relativ kleinen Unternehmen wie dem Magdalenenstift zu Unruhe. Vielleicht war es dem Wirken der „Protectorin" zu verdanken, vielleicht auch dem Beziehungsgeflecht, das der Vorstand des Vereins in den zurückliegenden Jahren zur Berliner „Gesellschaft" aufgebaut hatte, dass sich relativ schnell Lösungen für die Personalprobleme fanden. Für die verstorbene Schatzmeisterin trat schon einen Monat später der Kaufmann Guido Selke ein, die Position des Geschäftsführers übernahm sofort der Gutsbesitzer Maximilian Freiherr von Romberg und ins Amt der Oberin wurde am 8. Oktober 1872 Anna Freiin von Koschkull (1825–1902) eingeführt. Der Hamburger Theologe Wilhelm Baur, der seit 1865 Vorsteher der Hamburger Stadtmission gewesen war, kam im Juli 1872 als Dom- und Hofprediger nach Berlin und wurde Mitglied des Vorstands des Vereins. Er sprang ein, als es nach Ragotzkys Weggang erforderlich war, aber er war mehr als ein Ersatz; er erwies sich als ideale Besetzung für den geistlichen Beistand und für das Zusammenwirken mit Anna von Koschkull. Auch Meta Baur, die

Ehefrau des Hof- und Dompredigers, verstärkte den Vorstand des Vereins. Als Anstaltsgeistlichen gewann man im September 1873 Theodor Heinicke (1839–1914), Pfarrer an der Stadtvogtei zu Berlin. Die beiden Theologen ergänzten einander. Während Heinicke zehn Jahre lang zuverlässig seinen Dienst als Anstaltsgeistlicher versah, konnte Wilhelm Baur überregional und interinstitutionell wirken und auch seinen historisch-literarischen Neigungen – er schrieb mehrere populäre Biografien – weiter nachgehen. „Und das kam wieder der Anstalt in Plötzensee zugute – er beförderte das Renommee. So war durch ihn das Magdalenenstift seit 1873 gewissermaßen im Central-Ausschuss für die Innere Mission vertreten und saß mit in den Verhandlungen, die D. Wilhelm Baur im Oktober 1875 während der ‚Specialconferenz über die Magdalenensache' im Rahmen des Kongresses der Inneren Mission in Dresden leitete."[29]

Die Oberin sah in den Helferinnen mehr als nur Personal. Sie versuchte deren Beziehungen zueinander und ihr Verhältnis zu ihrem beruflichen Wirken zu vertiefen. Sie suchte den Zusammenschluss der Helferinnen in einer Schwesternschaft. Dass sie dabei die gesellschaftliche Anrede „Fräulein" ablegten und dafür die christgemeindliche Anrede „Schwester" annahmen, hatte viel mehr als nur formelle Bedeutung. Eine Reihe von Fragen war noch zu lösen: Wie sollte der Eintritt von Frauen zwischen fünfundzwanzig und fünfundvierzig aussehen? War eine Probezeit, ähnlich dem Noviziat, voranzustellen? Wie sollte die Schwesternordnung beschaffen sein und wie die Bestimmungen zur Führung einer Schwestern-Hilfskasse? Über solche Fragen dürfte Anna von Koschkull mit Wilhelm Baur gesprochen haben, der dabei auf die Ordnungen des Rauhen Hauses in Hamburg sowie auf die des benachbarten Johannis-Stifts, zurückgreifen konnte. Aber auch die in und um Berlin bereits etablierten Diakonissenmutterhäuser – das Elisabeth-Diakonissen- und Krankenhaus, das Central-Diakonissenhaus Bethanien, das Lazarus-Kranken- und Diakonissenhaus, das Diakonissenhaus König-Elisabeth-Hospital das gerade in Gründung befindliche Diakonissen- und Krankenhaus Paul-Gerhardt-Stift, in dessen Kuratorium Meta Baur mitwirken sollte – dürften manche Anregung gegeben haben.

Am 30. März 1876, Karfreitag, war es so weit. Die Frauen, die seit mindestens drei Jahren im Dienst des Magdalenenstifts waren, feierten mit einem Abendmahl den Zusammenschluss zu einer Schwesternschaft. Und Anna von Koschkull wurde ihre die erste Oberin. Allerdings: Nach den Vorstellungen Wilhelm Baurs sollten in den Begriff der Schwesternschaft nicht nur die Helferinnen einbezogen werden, sondern auch die Zöglinge. Die Konstituierung einer Diakonissenschwesternschaft schien jedenfalls zu diesem Zeitpunkt nicht möglich.

Evangelisches Magdalenenstift

Seit dem 25. September 1883 trug das Stift eine neue Bezeichnung: Evangelisches Magdalenenstift. Die erste Satzungsänderung seit dem 9. Dezember 1842 beseitigte die tragende Rolle des juristisch immer noch bestehenden Frauen-Vereins. Ein aus zwölf bis vierundzwanzig Mitgliedern bestehendes Kuratorium würde fortan einen Vorstand wählen, dem die allgemeine Verwaltung des Magdalenenstifts oblag. Der Vorstand sollte satzungsgemäß aus der Vorsitzenden, ihrer Stellvertreterin, der Oberin, dem Seelsorger sowie dem Geschäftsführer und dem Kassenführer mit ihren jeweiligen Stellvertretern bestehen.

Die Satzung gab aber noch keine Auskunft darüber, welchen Platz im Gefüge der christlichen Sozialwerke das Magdalenenstift einnehmen würde. Im Zuge der Selbstfindung und der Bildung einer Schwesternschaft hatte man sich zwar als „evangelisch" definiert, aber was bedeutete das für das Stift? Das Evangelische Magdalenenstift war noch kein Diakonissenmutterhaus. Zwar konnten von den zwanzig Schwestern neun als Diakonissen angesehen werden, aber man befand sich organisatorisch in einer Art Insellage. Die Schwestern dienten im Magdalenenstift, dort wurden sie auch gebraucht. Nach außen wirkten sie vorerst nicht. Die Schwestern wurden nicht an andere Orte, in andere Dienste entsandt – und das war ein typisches Merkmal der Diakonissenmutterhäuser Kaiserswerther Prägung. „Kurz – wie konnte man ein Mutterhaus sein? Und wäre man es und wäre man auch Mitglied der Generalkonferenz von Diakonissen-Mutterhäusern, dem im Jahre 1861 gebildeten Verband all jener Diakonissen-Mutterhäuser, die nach den von Theodor Fliedner erarbeiteten Prinzipien und Ordnungen ihren Dienst taten und sich im Abstand von zwei Jahren in Kaiserswerth trafen, dann hätte man seinen Platz gefunden."[30]

Tatsächlich verstand sich das Evangelische Magdalenenstift seit dem Jahr 1885 als Diakonissenmutterhaus. Die Belegung des Stifts umfasste damals durchschnittlich einhundertzwanzig Zöglinge. Zweiunddreißig Schwestern waren hier tätig, davon vierzehn Diakonissen, die übrigen Probeschwestern. In diesem Jahr entsandte das Magdalenenstift zum ersten Mal drei Schwestern in eine Außenstation. Es war das Marthaheim, ein 1865 gegründetes „Mägdeheim", eine Erziehungs- und Bildungsstätte mit hauswirtschaftlichem Schwerpunkt, in dem zu dieser Zeit zweiunddreißig „unbescholtene Mädchen" wohnten. Zum zweiten Außenposten des Magdalenenstifts wurde die Zufluchtsstation in der Trebbiner Straße 10 in Berlin, die ein Jahr zuvor auf Initiative der Berliner Stadtmission eröffnet worden war.

Seit 1883 war Hermann Wießner Geistlicher des Magdalenenstifts; zugleich amtierte er auch im Königlichen Neuen Gefängnis in Berlin Moabit als Anstaltspfarrer. Er hob nicht nur das Renommee des Magdalenenstifts, er brachte es auch endgültig auf den Kurs nach Kaiserswerth. 1888 stellte das Diakonissenhaus Evangelisches Magdalenenstift den Antrag auf Zulassung zur Kaiserswerther Generalkonferenz. Auf ihrer neunten Verbandstagung stimmte die Generalkonferenz dem Antrag zu. Allerdings mit einer Einschränkung: „Die

Aufnahme wird trotz Vorhandensein von drei offen angesprochenen Unregelmäßigkeiten genehmigt."

Zwar ist der Charakter dieser Unregelmäßigkeiten in den Protokollen nicht ausdrücklich erwähnt, doch hat Rainer Bookhagen im Vergleich zwischen dem Status des Magdalenenstifts und dem Diskussionsstand und den Gepflogenheiten innerhalb der Kaiserswerther Generalkonferenz herausgefunden, worum es sich gehandelt haben könnte. Zunächst wahrscheinlich um die Zahl der Diakonissen selbst, die man in Kaiserswerth für noch zu gering hielt, um die Funktionen eines Mutterhauses erfolgversprechend auszuüben. Ein zweiter Kritikpunkt dürfte die zu geringe fachliche Breite des Wirkens der Plötzenseer Schwestern gewesen sein. Die Krankenpflege – von jeher ein Kernbereich der Diakonie Kaiserswerther Prägung – fehlte im Magdalenenstift ganz. Und schließlich galten wahrscheinlich aus Kaiserswerther Sicht die Leitungsverhältnisse in Plötzensee als nicht geklärt. „Oberin Anna von Koschkull war Leiterin der Anstalt wie der Schwesternschaft. Daran, dass der Anstaltsgeistliche sie durch seinen Dienst der Seelsorge und der Unterweisung in der Wahrnehmung der Leitungsaufgaben unterstütze, hatte sich auch zu ihrer Zeit nichts geändert. Nur so wird auch verständlich, dass es bis dahin auch keine von der Evangelischen Landeskirche der älteren Provinzen in Preußen eingerichtete Pfarrstelle beim Magdalenenstift gab. Alle bis dahin am Magdalenenstift und nun Evangelischen Magdalenenstift tätigen Anstaltsgeistlichen taten das von der Pfarrstelle einer der Strafanstalten Berlins aus und erhielten eine durch Staatszuschuss gedeckte Zulage durch das Evangelische Magdalenenstift ausgezahlt."[31]

Das Leitungsmodell Theodor Fliedners sah anders aus. Ihm zufolge sollte ein Mann, nämlich der bei der Anstalt tätige und durch sie zu versorgende Geistliche, „nach natürlicher und kirchlicher Ordnung" die Leitung der Anstalt ausüben. Sein patriarchalisches Familienmodell konnte eine Frau, gleich wenn sie von Adel war, nur in dienender, bestenfalls beigeordneter Stellung sehen. Hier zeigt sich ein Unterschied zwischen den Gründungsvoraussetzungen in Kaiserswerth und in Berlin. In Preußens Hauptstadt waren adelige Damen die Gründerinnen des Vereins, angeregt durch die Britin Elizabeth Fry. Die beteiligten Herrn, auch die Herren Pastoren, waren Mitwirkende, gern gesehene, notwendige und wichtige Partner, aber nicht die Initiatoren. Die Damen aus altem preußischem Adel „nach natürlicher Ordnung" in einer lediglich dienenden Rolle zu sehen, war hier in Berlin gar nicht möglich. Dieser Widerspruch bedurfte der Lösung – oder mindestens ausgleichenden Anpassung.

Anna von Koschkull und Hermann Wießner arbeiteten an der Lösung. Bald nach den Feierlichkeiten zum fünfzigsten Jubiläum des Magdalenenstifts änderte man zum zweiten Mal die Satzung. Als Zweckbestimmung wurde nun ausdrücklich festgehalten: „Das Berliner Evangelische Magdalenenstift bezweckt die Fürsorge für die Rettung, Bewahrung und Ausbildung der weiblichen Jugend, vornehmlich im dienenden Stande, ferner die Ausübung der Krankenpflege und zwar zunächst an weiblichen Personen im Sinne des Hauptzwecks, sowie im Allgemeinen bei vaterländischen Notständen und in Kriegszeiten. Diesen Zwecken dient 1. Das Diakonissenmutterhaus; 2. Das Magdalenum nebst der Filialanstalt, Mädchenhaus Siloah und den etwa noch weiter zu gründenden Anstalten." In den Statuten, deren Neufassung Kaiser Wilhelm II. am 27. Mai 1894 billigte, wird auch das Vermögen der Stiftung beschrieben: das „am Plötzensee bei Berlin gelegene Grundstück mit dem Stiftshause und allen zugehörigen Wirtschaftsgebäuden", ferner das Grundstück in Niederschönhausen sowie ein aus Legaten gebildete Kapital, das sich zum Zeitpunkt der Satzungsänderung auf 37 200 Mark belief. Im letzten Bericht, den Anna von Koschkull und Hermann Wießner im Frühjahr 1897 vorlegten, konnten sie auf zahlreiche Außenstationen verweisen. Außer der „Tochteranstalt", dem Mädchen-Rettungshaus Siloah, und dem Marthaheim in Frankfurt (Oder) wurden noch folgende weitere Einrichtungen von den Diakonissen des Magdalenenstifts betreut: das Magdalenenstift in Neu-Torney bei Stettin, das Magdalenenstift Zoar in Wolmirstedt, die Arbeiterinnen-Kolonie und das Frauenheim im Groß Salze bei Schönebeck, das Mädchenrettungshaus Samariterherberge in Horburg bei Leuna, die Mädchen-Erziehungsanstalt Martinstift in Borsdorf bei Leipzig, das Frauenheim in Borsdorf bei Leipzig, das sich am 25. Oktober 1896 als Diakonissenhaus konstituierte, und das Mädchen-Waisenhaus Bethesda in Bornim, das mit den Jahren zum Rettungshaus geworden war.

Siloah

Was hatte es mit dem Mädchenrettungshaus Siloah auf sich, das die neue Satzung – nicht zuletzt als Eigentumsbestand – ausdrücklich erwähnte? Wilhelm und Meta Baur (sie war zwischenzeitlich stellvertretende Vorstandsvorsitzende des Magdalenenstifts geworden) hatten sich in ihrer Zeit im Magdalenenstift für ein weiteres Projekt stark gemacht, das einem alten Plan des früheren Anstaltsgeistlichen Karl Riemschneider entsprach: dem Magdalenenstift ein Rettungshaus für junge Mädchen im Kindesalter quasi vorzulagern – eine Zwischenanstalt zwischen Magdalenenstift und Erziehungsanstalt. Gemeinsam mit Marianne von Madai, Gemahlin des Berliner Polizeipräsidenten Guido von Madai, hatte sie 1874 die Magdalenenhilfe ins Leben gerufen. Es war vergleichbar mit dem Marthashof, der bereits zwei Jahrzehnte unter der Leitung von Diakonissen erfolgreich arbeitete. Marianne von Madai und Meta Baur betrieben in den ersten beiden Jahren zunächst nur eine Schlafstellenvermittlung, insonderheit für solche jungen Frauen, die aus der medizinischen Behandlung der Charité entlassen wurden und nicht wieder in das „Milieu" zurückfallen sollten. 1876 wurde mit der Hilfe eines befreundeten Bankiers für die Magdalenenhilfe eine Notaufnahmeeinrichtung in einem angemieteten Haus in der Schön-

Mädchenrettungshaus Siloah in Pankow. Holzschnitt von Hermann Baudouin

hauser Allee 119, dicht an der gerade entstehenden Ringbahn, eröffnet; die Einrichtung wurde zu dieser Zeit von Diakonissen des Paul-Gerhardt-Stifts geführt. Man blieb weiter auf Immobiliensuche. Dabei half schließlich ein frommer Mann und Kommerzienrat, Johannes Quistorp, ein Unternehmer aus Pommern, der durch sein soziales Engagement beispielgebend wirkte.[32] Er bot dem Magdalenenstift ein Haus in der Pankower Florastraße/Ecke Wollankstraße zur mietfreien Nutzung an. Der Vorstand des Magdalenenstifts nahm das Angebot an. Wieder wurde Maurermeister Carl Rabitz mit den Umbauarbeiten beauftragt. Am 13. Januar 1881 wurde das Magdalenenhaus Pankow eröffnet, das kurze Zeit darauf den Namen Kinderheim Siloah erhielt. Siloah war damit gewissermaßen die erste Filiale des Magdalenenstifts. Neun „gefallene Mädchen, noch im Kindesalter, noch nicht konfirmierte" zogen ein. Im Jahr darauf beherbergte das Haus fünfzehn junge Mädchen. Da sich das Gebäude in der Florastraße für die erweiterte Nutzung als unzureichend erwies, fand man eine Alternative an der Schönholzer Brücke, wo

> Johannes Quistorp (1822–1899), ein pommerscher Unternehmer, war mit der Zementproduktion im Bauboom der Gründerjahre vermögend geworden. Als einer der ersten Industriellen in Preußen engagierte er sich in erheblichem Umfang für die sozialen Belange seiner Angestellten und Arbeiter. Darüber hinaus setzte er sein Vermögen für soziale öffentliche Einrichtungen ein. Für die Arbeiter seiner Zementfabrik Lebbin (auf der Insel Wollin) baute er 150 Werkswohnungen und weitere Sozialeinrichtungen, später eine Arbeiterbildungsstätte. In Stettin schuf er mit Kaiserswerther Diakonissen eine „Mägdeherberge". Mit 300 000 Mark aus eigenen Mitteln ließ er 1869/70 in Stettin das Diakonissen- und Krankenhaus Bethanien bauen. In Heringsdorf errichtete er das Haus Elim als Erholungsheim für Diakonissen.

das Bauunternehmen von Gustav und Carl Gause ein neues Haus Siloah auf einem etwa ein Hektar großen Grundstück errichtete. Die Baukosten betrugen 38 000 Mark.[33] Das Geld wurde durch eine Hypothek, ein Privatdarlehen und durch Eigenmittel aufgebracht.

Die Leitung des Hauses Siloah hatte seit 1883 Schwester Sophie Wegener (1850–1908) inne. Sie leitete das Haus mit großer, vielleicht zu großer Selbstständigkeit, ja Unabhängigkeit vom Magdalenenstift: ein Umstand, der zwanzig Jahre später zu keineswegs unerwarteten, aber unerwartet heftigen Spannungen und Auseinandersetzungen führen sollte. Sophie Wegener war am Karfreitag 1876 zur Diakonisse eingesegnet worden. Sie war die Erste, die durch ihr Wirken im Magdalenenstift ein Zeichen für die Rolle der Diakonissen setzte. Seit dem 29. September 1886 war „eine regelmäßige, den gesetzlichen Bestimmungen entsprechende Schuleinrichtung mit den aufsteigenden Abteilungen im Haus Siloah vorhanden und dafür eine geprüfte Lehrerin eingesetzt"[34] worden. Die Leitung der Schule oblag offiziell dem Hausgeistlichen des Magdalenenstifts. Der Arzt Dr. Heinrich Julius Hadlich (1844–1889) – heute ist eine Straße in Pankow nach ihm benannt – sorgte in Krankheitsfällen für kostenlose medizinische Hilfe. 1887 erschien der Jahresbericht erstmals unter der Doppelbezeichnung *Magdelenenstift und Mädchen-Rettungshaus Siloah in Pankow*. In den 1890er-Jahren verhandelte der Vorstand des Magdalenenstifts über den Kauf eines Grundstücks in unmittelbarer Nähe des Hauses Siloah. Der Vertrag kam nicht zustande, andernfalls hätte die räumliche Nähe des Magdalenenstift zu Siloah vielleicht geholfen, auch die inhaltliche und fachliche Distanz zwischen beiden Häusern zu überbrücken.

Der Neubau

Dem Evangelischen Magdalenenstift dienten in den 1880er-Jahren nacheinander vier Geschäftsführer – jeweils nur für wenige Jahre. Unter Anna von Koschkull hatten sich zwar die Einnahmen als relativ stabil erwiesen, bei den Ausgaben zeigte sich aber, dass die Zahl der Zöglinge, die das Magdalenenstift aufnahm, ein schwer berechenbarer Risikofaktor war. Fehlbeträge wurden mit „Vorschüssen" des Bankhauses Anhalt & Wagner ausgeglichen, deren Alleininhaber Generalkonsul Eduard Schmidt, sowohl mit dem Hof als auch mit Kirchenkreisen bestens vernetzt war. Durch ihn war auch die Protektorin, Kaiserin Auguste Viktoria, über die wirtschaftliche Situation des Magdalenenstifts informiert. Wirtschaftliche Misserfolge reizen zu Eingriffen von außen. Mit dem Agrarökonomen Dr. Friedrich Aereboe (1865–1942) wurde 1896 ein Fachmann zum Geschäftsführer berufen. „Sehr schnell hatte Dr. Friedrich Aereboe ermittelt, dass für das Magdalenenstift die unter betriebswirtschaftlichen Gesichtspunkten nach räumlicher Kapazität, eigenbetrieblicher Leistungsfähigkeit, vor allem aber nach den Einnahmen günstigste Belegung eine Zahl von möglichst konstant hundert Zöglingen und dem Gebot zur Sparsamkeit zu folgen unabdingbar wäre."[35] Der neue Vorstand folgte diesen Empfehlungen. Man musste sich vergrößern.

Einschneidendes Ereignis an der Jahrhundertwende war der nochmalige – wie sich herausstellen würde endgültige – Wechsel des Standortes und der Bau eines neuen Gebäudekomplexes für das Magdalenenstift. Am 23. Februar 1900 hatte das Magdalenenstift einen Vertrag über den Verkauf des Grundstücks in Plötzensee für 450 000 Mark abgeschlossen. Daraufhin nahmen der Nachbar, das Siechenhaus Bethesda, sein Vorkaufsrecht in Anspruch. Vom Verkaufserlös des Plötzenseer Grundstücks konnten auch die Erwerbs-, Planungs- und Baukosten bestritten werden. Das Magdalenenstift kaufte für 48 000 Mark ein dreieinhalb Hektar großes Grundstück in Teltow und begann umgehend mit dem Bau neuer Gebäude. In deren architektonischem Entwurf spiegeln sich neue soziale Konzepte wider, die bei Sozialbauten wie Krankenhäusern oder Erziehungsheimen angewandt wurden. Anhand von Beispielen aus dem Rheinland hat Annette Lützke einen sozioarchitektonischen Befund beschrieben, der auch auf den Neubau des Magdalenenstifts zutraf: „Zu dieser Zeit war die bauliche Gestaltung der Heime auch Ausdruck der pädagogischen Bemühungen: ein neuer Baustil, das Pavillonsystem, wurde gewählt und sollte die anstaltsmäßige Massenunterbringung ablösen. Die Minderjährigen wurden in Gruppen von 20 bis 25 Zöglingen eingeteilt. Für jede Gruppe waren Schlafsaal, sanitäre Einrichtungen, Nebenräume, Tagesraum, Spülküche, Vorratsraum und Erzieherwohnschlafzimmer zu einer Wohneinheit zusammengefasst. Werkstätten, Verwaltungs- und Gemeinschaftsräume wurden in gesonderten Bauten untergebracht. Zu Beginn des 20. Jahrhunderts waren einige Heime weit über die Grenzen der Rheinprovinz als Zeugnis fortschrittlicher moderner pädagogischer Bestrebungen anerkannt."[36]

Im September 1900 war Baubeginn auf dem Grundstück am künftigen Ufer des Teltowkanals. Zuerst wurden Mutterhaus, Wäscherei und angrenzendes Wohnhaus sowie die

Der Neubau 97

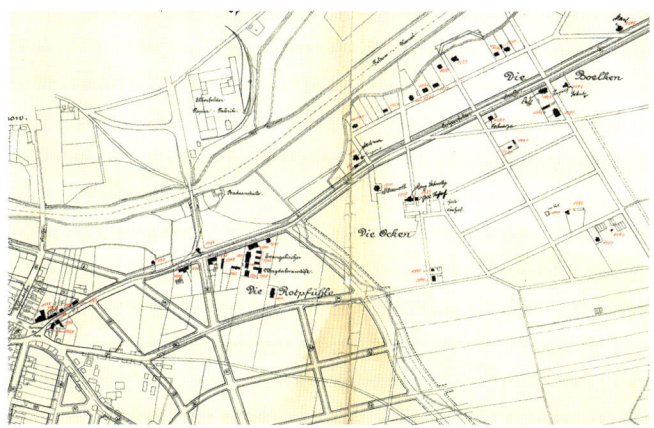

Oberes Bild: Karte von Teltow, 21. September 1926. Unteres Bild: heutige Draufsicht

Häuser Bethesda, Sichar, Elim und Nazareth in Angriff genommen. In unglaublich kurzer Bauzeit waren die Gebäude Anfang 1901 bereits rohbaufertig. Danach begann man mit Haus Salem und dem Pfarrhaus. Schon im Juli 1901 konnte ein festlich begangener Umzug mit Kremsern vom Gelände Plötzensee nach Teltow vollzogen werden.

Erziehung oder Erweckung

Züchtigen oder Beten?

13. Juli 1903. Im Evangelischen Magdalenenstift an der Lichterfelder Allee in Teltow bricht eine Revolte los. Ungefähr dreißig Bewohnerinnen, nicht alle freiwillig hier, brechen aus der Anstalt aus, überwinden Zäune, fliehen über die Felder in verschiedene Richtungen: ein Teil Richtung Ruhlsdorf, ein anderer Teil Richtung Seehof, eine weitere Gruppe flieht Richtung Zehlendorf. Ein solcher Massenausbruch an einem einzigen Tag – üblicherweise rechnete man im Magdalenenstift mit zehn „Abgängen" pro Jahr – ist bis dato einmalig und beunruhigt die Öffentlichkeit. Zwar können die meisten Ausreißerinnen mithilfe der Polizei nach kurzer Zeit wieder aufgegriffen und in die Einrichtung zurückgeführt werden, aber dann explodiert die Stimmung erneut. Es kommt zu Gewaltausbrüchen in den Häusern, zur Zerstörung von Mobiliar und „allerlei Unfug", der erst durch das Eingreifen zweier Gendarmeriewachtmeister beendet werden kann.

Wie konnte es zu diesem plötzlichen Ausbruch kommen? Noch dazu in einem nagelneuen Stiftsgebäude, das noch keine zwei Jahre stand und von den äußeren Bedingungen her seinem Zwecken ideal angepasst war.

Hintergrund I: Die „Waldersee-Konferenz"

Der Skandal hatte eine Vorgeschichte. Am 28. November 1887 trafen sich im Haus des Generalquartiermeisters und Generals à la suite, Alfred Graf von Waldersee, und seiner Gemahlin, Marie Gräfin von Waldersee, die seit fünf Jahren dem Kuratorium des Evangelischen Magdalenenstifts angehörte, eine Reihe hochrangiger – überwiegend männlicher – Persönlichkeiten. Auch der künftige Kronprinz und Kaiser, Prinz Wilhelm, Enkel des regierenden Kaisers und nachmaliger Kaiser Wilhelm II. (1859–1941), und seine Gemahlin Auguste Viktoria (1858–1921) waren anwesend. Thema der sogenannten Waldersee-Konferenz: Wie kann man die Menschen so beeinflussen, dass sie nicht den Sozialdemokraten und „Anarchisten" nachliefen? Das Rezept: „Liebestaten", die angeregt werden sollten und zwar möglichst „in der Organisation einer dauernden Arbeit", wie sich der künftige Kaiser auszudrücken beliebte. Wessen konnte man sich bedienen? Am besten doch bereits bestehenden Formen des christlichen Nächstendienstes. Der künftige Kaiser und König von Preußen bereitete sich darauf vor, als „summus episcopus" an die Spitze des Kirchenregiments zu treten, die künftige Kaiserin sah sich offenbar als künftig hochrangigste Wohltäterin des als Innere Mission organisierten Nächstendienstes. Dessen Institutionen sollten damit zugleich in den „Strahlenkranz der Krone" gerückt werden. Auch das Evangelische Magdalenenstift geriet in diesen „Strahlenkranz".

Hintergrund II: Seelisch-pädagogischer Systemwechsel

Kaiserin Auguste, die Witwe Kaiser Wilhelms I., starb am 7. Januar 1890. Die Witwe Kaiser Friedrichs III. zog sich als „Kaiserin Friedrich" ins hessische Kronberg zurück. Auguste Viktoria wurde nun offiziell „Königin von Preußen und Deutsche Kaiserin". Und sie wurde am 29. Januar 1890 „Protektorin" des Evangelischen Magdalenenstifts bei Berlin.

Den Vorsitz im Kuratorium führt mit Billigung der „Protektorin" seit 1. Januar 1897 Maria Gräfin von Pfeil und Klein-Ellguth (1846–?). Gräfin Pfeil kannte Pfarrer Johannes Hahn (1859–1950) aus Schlesien, wusste ihn der Frömmigkeit der Erweckungsbewegung verpflichtet und setzte ihn

Das Kaiserpaar Wilhelm II. und Auguste Viktoria; die Kaiserin wurde auch als „Diakonisse auf dem Kaiserthron" bezeichnet.

als Geistlichen für das Evangelische Magdalenenstift durch. Mehr noch: Johannes Hahn war eben kein Gefängnisgeistlicher, der außerdem noch das Magdalenenstift betreute, er wurde, ganz im Sinne der Kaiserswerther Ordnung, eigens und fest vom Stift angestellt und konnte sich ausschließlich dieser Arbeit widmen. Bei seiner Anstellung hatte er sich ausbedungen, dass allein er die Oberin aussuchen dürfe, mit der er zusammenarbeiten könne und wolle. Er erinnerte sich an Cäcilie Petersen, die er von früheren Begegnungen kannte, und holte sie als Oberin an das Evangelische Magdalenenstift. Das Duo Hahn-Petersen wollte gemeinsam den seelisch-pädagogischen Systemwechsel weg von einem pragmatischen Angebot zur Lebenshilfe zu einem erweckt gemeinschaftlichen Religionsverständnis vollziehen.

Schnell zeigten sich Veränderungen. Gebetsgemeinschaften der Schwestern und der Zöglinge wurden eingeführt. An die Stelle von „Veranstaltungen zum Besten" des Magdalenenstifts – Versteigerungen von Handarbeiten, Benefizkonzerte und Ähnlichem, deren Erlöse dem Stift zugutekamen – sollte die Kraft des Gebets treten. Die Oberin war ab sofort mit „Mutter Oberin" anzureden. Das Verbot körperlicher Züchtigung wurde konsequent durchgesetzt. Bei Vergehen wurde für und mit der „Sünderin" gebetet. Physische Gewalt als Erziehungsmittel wurde durch psychischen Druck und Gruppenzwang abgelöst. „Das Gebet war auch Erziehungsmittel geworden. Aus Sicht von Cäcilie Petersen und Johannes Hahn sollte damit neu in Geltung gesetzt werden, was Erziehungsziel der Arbeit des Magdalenenstifts von Anfang an war: Bekehrung und Besserung der Zöglinge, mithin die Abkehr vom als sündhaft erkannten Leben und durch Jesus Christus und seine in Kreuz und Auferstehung zum Ausdruck kommende Liebe die Hinwendung zu ihm und einem Gott und den Menschen gefälligen Leben."[37]

Hintergrund III: Gesetz über die Fürsorgeerziehung Minderjähriger von 1900

„In die Heimerziehung kamen Kinder zu dieser Zeit aus verschiedenen Gründen, die jeweils mit den zwei verschiedenen Aufgabenbereichen der öffentlichen Erziehung zu tun hatten: einerseits der kommunalen Aufgabe der Betreuung von Waisenkindern und der Vormundschaft über verwaiste und uneheliche Kinder, andererseits der Aufgabe der ‚Verwahrung' und Disziplinierung von ‚verwahrlosten' Kindern und Jugendlichen, die nicht von den Gemeinden, sondern von den Landesbehörden, den späteren Landesjugendämtern organisiert wurden. Während es bei den ‚Kommunekindern' – wie sie auch in den 60er Jahren noch genannt wurden – um die Betreuung und Versorgung von verlassenen oder sozial verwaisten Kindern ging, war die ‚Fürsorgeerziehung' und später auch die ‚Freiwillige Fürsorgeerziehung' als eine Ersatz für den Strafvollzug von Kindern entstanden. Der rechtliche Vorläufer der Fürsorgeerziehung war die sogenannte ‚Zwangserziehung' von 1878, die regelte, dass kriminell gewordene Kinder und Jugendliche statt ins Gefängnis in eine ‚Erziehungsanstalt' eingewiesen werden konnten."[38] Schon damals setzte man also staatlicherseits mehr auf erzieherische Beeinflussung als auf bloßes Strafen. Das Gesetz von 1900 schuf aber eine völlig neue Qualität, wenn über die Einweisung von Kindern und Jugendlichen befunden werden sollte. „Bei der 1900 eingeführten Fürsorgeerziehung musste nicht einmal eine Straftat mehr vorliegen, um in eine Erziehungsanstalt eingewiesen zu werden, sondern lediglich eine eingetretene oder drohende ‚Verwahrlosung'. Trotzdem änderte dies nichts an dem Strafcharakter der Erziehungsanstalten. Man ging weiter davon aus, dass die Erziehungsmaßnahmen durchaus als Strafe empfunden werden sollten, weil das Verhalten der Kinder oder Jugendlichen diese strafende Behandlung in den Augen derer, die die Fürsorgeerziehung anordneten, rechtfertigte."[39]

Für eine Einrichtung wie das Magdalenenstift bedeutete das: Das Prinzip der Freiwilligkeit, das seit 1841 gegolten hatte, war durchbrochen, wenn staatliche Stellen aufgrund der neuen Rechtslage von der Zwangseinweisung Gebrauch machten. Damit kamen auf die bestehenden Sozialeinrichtungen wie das Magdalenenstift mit dem Haus Siloah Belastungen zu, deren Ausmaß noch gar nicht abzusehen war.

Das Wirken der Oberin Cäcilie Petersen

Cäcilie Petersen (1860–1935) stammte aus Schleswig und wurde als Achtzehnjährige durch eine Evangelisationspredigt zu einem neuen, im strengen Glauben an Jesus Christus orientierten Leben veranlasst. Sie trat dem Diakonissenhaus

Altona bei. Dort kam sie offenbar noch als Probeschwester in Konflikt mit der Oberin Elise Freiin von dem Bussche-Kessell (1839–1916), weil sie sich nicht auf den Pflegedienst, wie ihr aufgetragen, beschränken wollte, sondern durch gemeinsames Beten mit den Patienten und Erzählungen vom Heiland ihre Kompetenzen deutlich überschritten hatte. Cäcilie Petersen war von ihrer Mission so überzeugt, dass Dienen nicht mehr ihre starke Seite war. Sie setzte ihren von den Ideen der Erweckungsbewegung geprägten Weg unbeirrbar – man könnte auch sagen: unbelehrbar – fort und suchte eine Gelegenheit, ihren Dienst als Herrschaft, Führung, Belehrung und Beeinflussung auszuüben. Die Gelegenheit kam, als sie mit Pfarrer Johannes Hahn bekannt wurde. Für ihren Eintritt als Oberin in das Magdalenenstift machte sie zur Bedingung, dass Elise Freiin von dem Bussche-Kessell, ihr Intimfeindin aus Altonaer Tagen, von der Position einer stellvertretenden Kuratoriumsvorsitzenden (Bussche-Kessell hatte dieses Amt sein 1896 inne) zum 1. April 1898 entfernt werde. Sieben Jahre und zwei Skandale später würde Bussche-Kessell abermals ins Kuratorium des Evangelischen Magdalenenstifts berufen werden.

Als Oberin des Magdalenenstifts spaltete Cäcilie Petersen mit ihrer kompromisslosen Religiosität alsbald die Schwesternschaft. Die Konfliktlinie verlief zwischen dem Konzept einer arbeits- und bildungsorientierten Umerziehung und dem Konzept des Glaubens an die Siegeskraft des Blutes Jesu Christi, der von jeder Sünde befreit. Vereinfacht gesprochen: Das eine Konzept wollte den auf Abwege geratenen jungen Frauen eine eigene Perspektive eröffnen, das andere Konzept beharrte darauf, dass sie diese Perspektive nicht brauchten, weil sie sie in Jesus Christus bereits hätten. Der Zusammenhang von „ora et labora" wurde zerrissen. So wie die „Arbeiter" auf handgreifliche Erziehungsmethoden nicht verzichten zu können glaubten und immer mal wieder „kräftig hinlangten", so beharrten die „Beter" zwar im Wesentlichen auf der Gewaltfreiheit, meinten aber nur die Abwesenheit von phy-

Oberin Cäcilie Petersen

sischer Gewalt. Dass psychischer Druck unter Umständen übergriffiger sein kann als gelegentliche physische Gewaltausübung, machte sich die Führung Hahn-Petersen zunutze. In ihrer wahnhaften Überzeugung von der eigenen Rechtgläubigkeit waren sie bereit, die Schwesternschaft zu spalten und hätten fast die Existenz des Mutterhauses den eigenen Überzeugungen geopfert.

Der (Schein-)Konflikt um Sophie Wegener und Siloah

Offen widersetzte sich Schwester Sophie Wegener im Haus Siloah. Sie wollte den Anforderungen gewachsen sein, die sie aufgrund des neuen Gesetzes über die Fürsorgeerziehung auf sich zukommen sah. Sie plante einen Erweiterungsbau und wartete die Zustimmung der Anstaltsleitung gar nicht erst ab. Wahrscheinlich hatte sie Unterstützer sowohl im Kuratorium als auch in Kreisen darüber hinaus, denn es ist bekannt, dass die neue Linie des Leitungsduos Hahn-Petersen nicht nur Zustimmung fand. Sophie Wegener beschaffte sich die Mittel für den Bau genau durch solche Veranstaltungen „zum Besten von Siloah", die nach der Ansicht der Oberin nicht mehr stattfinden sollten. Zur Grundsteinlegung des Hauses Ebn-Ezer hatte sie die Oberin Petersen und den Pfarrer Hahn erst am Tag zuvor telegrafisch eingeladen. Beide reagierten nicht und kamen nicht. Eine Abberufung Sophie Wegeners als leitende Diakonisse von Siloah mit dem Ziel, sie andernorts einzusetzen, wäre laut Satzung möglich gewesen. Aber der Vorstand machte von dieser Möglichkeit keinen Gebrauch, offenbar war man sich nicht schlüssig, wie weiter zu verfahren sei. Der Vorstand schlug dem Kuratorium lediglich vor, zu beschließen, dass eine „Selbständigmachung von Siloah" – so weit war der Dissens offenbar schon – nicht infrage komme.

Für Johannes Hahn war die Lage 1902 besonders prekär geworden. Mit dem Neubau in Teltow wollte man auch die Parochialrechte für die neue Anstalt nebst Kapelle gewinnen. Das sollte in einer neuen Satzung verankert werden. Johannes Hahn wäre dann als Gemeindepfarrer Geistlicher der Kirchenprovinz Brandenburg gewesen. Das Königliche Konsistorium der Kirchenprovinz Brandenburg versagte jedoch die Zustimmung. Eine deutliche Abfuhr für Johannes Hahn.

Als man Johannes Hahn zutrug, dass die leitende Diakonisse von Siloah mehrfach Kinder mit der Klopfpeitsche – dem sogenannten Siebenstriemer – geschlagen hatte, sah der die Gelegenheit gekommen, die Widerspenstige zu maßregeln. Er nahm Sophie Wegener aus dem Dienst und versetzte sie in den Wartestand. Die Beschuldigte habe außerdem das Züchtigungsrecht einer anderen Diakonisse und einer Küchenhilfskraft übertragen. Überdies hatten Angehörige der Betroffenen Anzeige erstattet. Cäcilie Petersen stimmte der Maßnahme zu, verhielt sich aber im Übrigen sehr zurückhaltend.

Der „Fall Siloah" zog aber weitere Kreise. Öffentlicher Protest erhob sich gegen die Entlassung einer Diakonisse, die so viele Jahre zuverlässig und erfolgreich das Haus Siloah geführt hatte. Die Presseberichterstattung drang auch an den Hof. Die Kaiserin schaltete sich ein. Hier lief etwas aus dem Ruder, das für die Hofkreise unangenehm werden konnte. Dass die Stimmung gegen die allerhöchste Protektorin umschlug, musste verhindert werden. Ein Schuldiger wurde gesucht. Und gefunden: Johannes Hahn. Zunächst sollte am 11. Oktober 1902 noch eine „Sachverhaltsklärung" herbeigeführt werden. Der bemerkenswerteste Satz, der auf dieser Veranstaltung fiel, war die Feststellung: „Dass mit einer Klopfpeitsche geschlagen ist, begründet noch keine Misshandlung." So wenig man diesem Satz heute zustimmen kann, die Kampflinie verlief unübersichtlich. Der Konflikt wurde zwischen Kuratorium und Vorstand ausgetragen. Das Kuratorium hob die zwangsweise Pensionierung von Schwester Sophie Wegener auf und sprach dem kompletten Vorstand das Misstrauen aus. Pastor Hahns Position war unhaltbar geworden.

Den Beteiligten hätte im Grunde klar sein müssen, „dass es nicht mehr um Tatsachen und auch nicht um ‚tatsächliche Irrtümer' und Dienstrechtsfragen ging. Tatsächlich ging es darum nicht mehr. Und das heißt, es ging auch nicht mehr um wahr oder unwahr und nicht um Recht oder Unrecht. Es ging auch nicht mehr um die Frage: körperliche Züchtigung Ja oder Nein und damit etwa um Grundsätze der Anstaltserziehung unter der vor zwei Jahren in Kraft getretenen Fürsorgeerziehungsgesetzgebung. Es ging auch nicht um die mit dem Siebenstriemer geschlagenen Kinder – darum war es leider von Anfang an zu keinem Zeitpunkt gegangen. Und es ging auch nicht mehr um heiligungsbewegte Frömmigkeit und Erziehungspraxis oder eine ‚seelisch-pädagogische Systemänderung'. Es ging um das Interesse, nicht den guten Ruf zu verlieren oder nicht den ‚Strahlenkranz der Krone' zu verdunkeln."[40]

Sechs Wochen später beriet das Kuratorium erneut. Es beschloss, Hahn zum 1. Oktober 1903 zu kündigen und nahm die Misstrauenserklärung gegen alle übrigen Mitglieder des Vorstandes zurück.

Der Exodus

Doch dann kam der Massenausbruch vom 13. Juli 1903. Das Teltower Kreis-Blatt berichtet zwei Tage später, dass sich schon vor der „Revolte" eine „gewisse Gärung" bemerkbar gemacht habe. Ansonsten wurde über die Motive der Ausbrecherinnen nichts verlautbart. „Erst etwas mehr als fünf Jahre später wird öffentlich, dass es Johannes Hahns, vor allem aber wohl Cäcilie Petersens heiligungsbewegte Erziehungsarbeit war, der sich die jungen Frauen durch Flucht entziehen wollten. Eine Übertragung der biblischen Vorstellung von Besessenheit und eine, wie es das Neues Testament als Jesu Handeln erzählt, Heilung durch Austreibung des ‚Satan', mithin eine allein auf Bekehrung der ‚Kinder', wie sie genannt wurden, durch das Gebet, musste bei den Zöglingen auf Unverständnis und Abwehr stoßen."[41] Das ist zurückhaltend ausgedrückt. Dass die Ausbrecherinnen Hilfe von außen hatten, sich diese Hilfe aus ihrem einstigen „Milieu" wünschten, ja sich gezielt beschafften, kann man den jungen Frauen kaum verdenken – angesichts einer exorzistischen Erziehungspraxis, die den Lebensumständen und Persönlichkeitsstrukturen der jungen Frauen in keiner Weise gerecht wurde, sie permanent überforderte und zur Verzweiflung trieb.

Die Hoffnung, dass nach der Abkühlung der Konflikte all dieser heißen Konflikte wieder Ruhe einkehren würde, trog. Am 2. November 1903 verließen Cäcilie Petersen und fünfzehn Schwestern das Evangelische Magdalenenstift und sein Mutterhaus in Teltow. Zwei Wochen später folgten ihr zwölf weitere Schwestern. Auf diesen Exodus ging 1904 die Gründung des Diakonissenhauses Salem in Berlin-Lichtenrade zurück. Sicher kein Zufall: Nach einem Zwischenspiel in Alvensleben tauchte Johannes Hahn schon 1905 wieder in Berlin auf – als stellvertretender Schatzmeister des Diakonissenvereins Salem. Die Salem-Oberin Petersen hatte ihren Getreuen nicht vergessen. 1917 stieg Hahn zum Vorsteher des Diakonissenhauses Salem auf. Das Mutterhaus Salem lag nach dem Zweiten Weltkrieg nahe am Grenzstreifen zwischen Berlin (West) und der DDR. 1960 wurde die Leitung des Mutterhauses Salem nach Bad Gandersheim verlegt. Die Berliner Grundstücke wurden nach und nach verkauft. Als 2005 die sechste Oberin des Mutterhauses in den Feierabend ging, wurde auf eine Nachfolge verzichtet.

Teltow aber stand nach dem Exodus der Oberin mit siebenundzwanzig Schwestern vor einem psychologischen und wirtschaftlichen Durcheinander. Die zurückgebliebenen neunundzwanzig Diakonissen, davon viele im Außendienst tätig, wussten nicht, wo ihnen der Kopf stand. Es fehlten Hände, wo sie dringend gebraucht wurden. Es fehlte der Kopf, der Führung versprach. Es fehlte ein Geistlicher. Es fehlte an Einnahmen. Wie sollte es weitergehen im neuen, so musterhaft gebauten Magdalenenstift Teltow? Konnte es überhaupt weitergehen?

Durch raue See

Das Schicksal des Teltower Hauses lag jetzt nicht zuletzt in der Hand der Kaiserswerther Diakonissenanstalt. Deren Vorsteher, der abermals in der Teltow-Frage eingreifen musste, nur ganz anders, als er es sich vorgestellt hatte, entsandte neun Diakonissen nach Teltow. Diese Hilfe ermöglichte dem Evangelischen Magdalenenstift Teltow den Neubeginn. Mit den Entsandten kam auch Frieda Kröger (1871–1949) als leitende Schwester nach Teltow, wo sie ihren Dienst schon am 1. Dezember 1903 antrat. Es dauerte noch fast zweieinhalb Jahre, bis sie am 1. April 1906 zur Oberin berufen wurde. An ihre Seite trat mit Pfarrer Friedrich Buschmann (1869–1947) ein Geistlicher, der seinen Dienst als „Direktor" mit Jahresbeginn 1904 aufnahm.

Neubeginn

Die Informationen über die Entwicklung des Teltower Hauses seit 1903 verdanken wir Max Schultz (1868–1952), der in einer Niederschrift knapp vierzig Jahre nach seinem Eintritt als Schatzmeister in das Kuratorium dem Evangelischen Oberkirchenrat einen Bericht „zur Geschichte des evangelischen Diakonissenhauses Berlin-Teltow" gab. Dieses bislang unbekannte Dokument fand Rainer Bookhagen im Evangelischen Zentralarchiv, wo die Akten des Evangelischen Oberkirchenrats aufbewahrt werden, unter der Signatur 7/13456.[42] Die Darstellung dieser Zeit kann sich wesentlich auf die Aufzeichnungen von Max Schultz stützen.

Dass Frieda Kröger und Friedrich Buschmann Erfahrungen sowohl im Diakonissenwesen als auch in der Fürsorgeerziehung mitbrachten, kam Teltow sehr zugute. Denn das Magdalenenstift stand mit der neuen Gesetzeslage seit 1900 vor großen Herausforderungen. Die Fürsorgebehörden der Stadt Berlin, der Provinzen Brandenburg und Sachsen (etwa dem heutigen Sachsen-Anhalt mit Ausnahme der eigentlichen anhaltischen Fürstentümer entsprechend) überwiesen fortwährend Zöglinge nach Teltow. Pfarrer Buschmann erwies sich als geschickter Verwaltungsfachmann. Schwester Frieda Kröger entfaltete ihre Qualitäten besonders in der Personalführung, führte dem Haus zahlreiche junge Schwestern zu. So konnten die meisten der aus Kaiserswerth entsandten Schwestern im Lauf der Jahre 1904 und 1905 nach und nach wieder in ihr Mutterhaus zurückkehren. Schwester Frieda Kröger entschloss sich zu bleiben und dem Teltower Haus als Oberin zu dienen. Auch die „Protektorin" hatte sich mit dem Magdalenenstift nach all den Turbulenzen so weit versöhnt, dass sie Frida Kröger zur Amtseinführung ein Kreuz stiftete.

Pfarrer und Oberin zeigten sich ihren neuen Aufgaben vollkommen gewachsen, schildert Max Schultz in seinen Aufzeichnungen; „die Zöglinge, die in den einzelnen ‚Pavillons' der Anstalt in ‚Familien' von etwa dreißig Köpfen zusammengefasst unterrichtet und für Haus-, Garten- und landwirtschaftliche Arbeit ausgebildet wurden, wurden nach ihrer Entlassung aus der Anstalt in geeigneten Familien und Dienststellen untergebracht und noch möglichst lange durch die sogenannten Reiseschwestern überwacht, die Schwesternschaft in der sehr schwierigen Erziehungsarbeit immer weiter gefördert."

Die Nähe zur ständig wachsenden Großstadt und die Weitläufigkeit des Geländes bargen – aus Sicht der diensttuenden Diakonissen – ein besonderes Gefährdungspotenzial für die Zöglinge. Aus Berlin reiste „Besuch" an. Und es waren nicht immer wohlmeinende Verwandtenbesuche; oft waren es die Zuhälter oder andere „Freunde" aus dem „Milieu", die ihre Mädchen wiederhaben wollten. Bei der landwirtschaftlichen Arbeit auf dem großen Areal des Magdalenenstifts konnten die Mädchen nicht so lückenlos überwacht werden, dass nicht doch Gespräche und der Austausch von allerlei Gaben am Zaun möglich gewesen wäre. Und immer wieder wurden auf diese Weise Zöglinge zum Entweichen überredet. Dennoch: Bei den Behörden war das Magdalenenstift beliebt und genoss einen guten Ruf. Nicht zuletzt wegen der Unterbringung in Einzelzimmern statt in großen Schlafsälen überwies man nach Teltow gern besonders schwierige Fälle oder rückfällige Zöglinge.

Nach ihrem Eintreffen kamen die Zöglinge zunächst in das Haus Zoar, den Aufnahme-Pavillon. Dort wurden sie beobachtet und mit den Regeln vertraut gemacht. Nach einer Eingewöhnungszeit wurden sie dann je nach Veranlagung und körperlicher Beschaffenheit auf die verschiedenen Familienhäuser verteilt. Auch kranke Zöglinge kamen. Zumeist waren sie geschlechtskrank. Sie wurden auf der Krankenstation isoliert. Dafür wurde das Haus Nazareth genutzt; es musste alsbald erweitert werden.

Als Anstaltsärztin war Frau Dr. Helenefriederike Stelzner am Stift beschäftigt. Sie brachte eine besondere Ausbildung bei der Behandlung von geistig Behinderten mit. Das war sehr nützlich, überwiesen doch die Behörden auch diese „schwierigen Fälle" gern nach Teltow. Die Ausbildung der Schwestern für die Pflege oblag überwiegend der Schwesternschaft selbst. Von Kaiserswerth, wo man schon jahrzehntelange Erfahrungen in der Krankenpflegeausbildung besaß, erbat man sich eine Lehrschwester zur Ausbildung der eigenen Schwesternschaft.

Als Pfarrer Buschmann darum ersuchte, wegen des Übermaßes an Arbeit eine zweite Pfarrstelle einzurichten, mochte das Kuratorium ihm noch nicht folgen. Dafür erreichte man einen Erfolg auf anderem Gebiet. Nach dem Scheitern des ersten Antrags, das Diakonissenhaus zu einer selbstständigen Gemeinde zu erheben, unternahm man 1906 einen erneuten Anlauf. Man konnte gute Gründe anführen. Das Evangelische Magdalenenstift sah sich mit seinem Diakonissenmutterhaus, dem Erziehungsheim, der Wäscherei und den Garten-, Feld- und Viehwirtschaftsbetrieben sowie der Ausbildung der Zöglinge in verschiedenen haus- und landwirtschaftlichen Tätigkeiten als große, beständig wachsende Verwaltungseinheit. Als solche verstand man sich aus dem Geist der Inneren Mission. Staatliche Einweisungen aufgrund des Fürsorgeerziehungsgesetzes änderten nichts daran, dass die Schwesternschaft und die Leitung des Stifts ihr Werk als kirchliche Aufgabe verstanden. „Das Haus in Teltow bildete aber mit seinen zahlreichen Angehörigen und Pflegebefohlenen innerhalb der örtlichen evangelischen Kirchengemeinde Teltow einen besonderen Verband, der in dem eigenen Geistlichen und der Anstaltskirche mit den Anstaltsinsassen, die vielfach anderen Kirchengemeinden angehörten, die Voraussetzungen kirchlicher Selbstständigkeit erfüllte und mit der örtlichen Kirchengemeinde Beziehungen unterhielt", schrieb der Chronist Max Schultz. „Es erschien also zweckmäßig, (nach dem 1901 gescheiterten ersten Versuch erneut und unter Berücksichtigung der seinerzeit vorgetragenen Gründe für die Ablehnung der betreffenden Regelungen der Satzungsänderung) für die Anstalt eine eigene Parochie zu errichten und auf diese Weise den Anstaltsgeistlichen in die Lage zu versetzen, alle im Bereich der Anstalt vorkommenden Amtshandlungen aus eigenem Rechte vornehmen zu können." Am 5. Juni 1906, nur drei Tage nach der Inbetriebnahme des Teltowkanals mit feierlicher Erstbefahrung durch die kaiserliche Yacht, stellte das Königliche Konsistorium der Provinz Brandenburg die Urkunde aus, der zufolge ab dem 1. Juli 1906 die eigene Anstaltsgemeinde mit vollwertiger Pfarrstelle errichtet war.

Auch wirtschaftlich war das neue Leitungsteam sehr erfolgreich. In den Jahren seit 1906 gelang es auch der Ankauf weiterer Flächen, so dass sich der Grundbesitz des Stifts im Vergleich zu 1901 ungefähr verzehnfachte.

Erweiterung

„Eine erhebliche Ausdehnung der Arbeit in der Anstalt bedeute im Jahre 1911 beschlossene Bau eines besonderen Pavillons für die schwer erziehbaren und rückfälligen Zöglinge sowie die Errichtung eines Seminars für die Ausbildung der Erzieherinnen und Helferinnen in der Magdalenenarbeit", schildert der Chronist die Situation nach zehn Jahren Teltow. Der neue Pavillon – Haus Tannenhof – wurde von dem Berliner Architekten Karl Kujat gebaut. Kujat hatte sich auf den Entwurf von Sozialbauten unterschiedlicher Art spezialisiert. Die Zusammenarbeit mit der Anstaltsleitung entwickelte sich so erfolgreich, dass Kujat in der Folgezeit auch noch eine Lehrküche, den großen Krankenpavillon und den Wirtschaftshof für das Teltower Haus entwarf.

Haus Tannenhof, wie es ursprünglich aussah

Im Frauenseminar des Diakonissenhauses spiegelte sich nicht nur der Wunsch nach Ausweitung der „Liebestätigkeit", sondern auch die Schwierigkeit, geeigneten Nachwuchs für Pflege-, Erziehungs- und Fürsorgeberufe zu finden. Pfarrer Friedrich Buschmann hatte bereits 1907 darauf hingewiesen,

> Das Frauenseminar des Diakonissenhauses „Evang. Magdalenenstift zu Berlin-Teltow will für die verschiedenen Frauenberufe, die in der Erziehungsarbeit und Jugendpflege der evangelischen Kirche, der Inneren Mission und des Staates zur Wirksamkeit kommen, eine sorgfältige theoretische und praktische Ausbildung ermöglichen. Die Nachfrage nach Erzieherinnen und Leiterinnen in Mädchenheimen, Polizeiassistentinnen, Jugend- und Fabrikpflegerinnen und nach Gemeindehelferinnen ist groß." *(Erstes Informationsblatt vom Juli 1911 für das Frauenseminar des Diakonissenhauses Teltow bei Berlin)*

dass es nützlich sei, die Arbeits- und Aufnahmebedingungen für die Schwestern zu reformieren. Denn es war zu dieser Zeit bereits schwieriger geworden, junge Frauen insbesondere aus den sogenannten gebildeten Schichten, zum Eintritt in das Diakonissenhaus zu bewegen und die Schwesternschaft als einen wesentlichen Träger der gesamten Tätigkeit des Hauses zu stärken. Überdies erwuchsen den Diakonissenhäusern in unmittelbarer räumlicher wie auch geistiger Nähe Konkurrenten.

Der Theologe Friedrich Zimmer (1855–1919), der selbst Erfahrungen als Geistlicher eines Diakonissen-Mutterhauses besaß, hatte gemeinsam mit Vertreterinnen der deutschen Frauenbewegung 1894 den „Verein zur Sicherstellung von Dienstleistungen der evangelischen Diakonie" (seit 1900 Evangelischer Diakonie-Verein) in Berlin-Zehlendorf gegründet. Beginnend in Elberfeld sorgte der Verein für eine praxisnahe und lebensverbundene Ausbildung junger Frauen in pflegerischen und sozialen Berufen. Aus den Absolventinnen bildete sich eine Schwesternschaft, die ihren Mitgliedern über den Berufsalltag hinaus Rückhalt bot. 1906 umfasste diese Schwesternschaft schon mehr als 1 000 Mitglieder. An den Vorbereitungen zur gesetzlichen Regelung der 1907 in Preußen eingeführten staatlichen Krankenpflegeprüfung wirkte der Diakonieverein mit und zahlreiche Elemente, die sich in den Seminaren des Evangelischen Diakonievereins bewährt hatten, flossen darin ein.

Weniger diakonisch als sozialreformerisch geprägt waren Bildungsträger wie das Berliner Fröbel-Institut, in dem junge Frauen in hauswirtschaftlichen Tätigkeiten unterrichtet und befähigt wurden, in bürgerlichen Haushalten oder Gewerbebetrieben „in Stellung" zu gehen.

Noch weiter ging der Lette-Verein, der, 1866 gegründet, Frauen mehr und mehr auch technische Berufe erschloss, zum Beispiel bei den gerade boomenden bildgebenden Verfahren wie Röntgen- und Mikrofotografie; gerade 1906 begründete der Lette-Verein die anerkannte Berufsausbildung für Metallografinnen. Man kann also sagen, dass zu Beginn des 20. Jahrhunderts ein Wettbewerb verschiedener sozialer Einrichtungen und Bildungsträger um das Potenzial berufstätiger (oder eine Berufstätigkeit wünschender) Frauen und Mädchen im Gange war.

Die Generalkonferenz der Diakonissenmutterhäuser sprach sich von Anfang an gegen Friedrich Zimmers Projekt aus und bezog spätestens seit 1901 eine Position der klaren Abgrenzung. Anders als die Kaiserswerther Generalkonferenz hatte Friedrich Buschmann offenbar weniger Probleme mit der „unerwünschten Konkurrenz", nahm deren Anregungen auf und trug Ende Dezember 1907 „Leitsätze" vor, die „Neuerungen für die Dienstordnung unserer Schwesternschaft" enthielten. Beim Kuratorium drang er jedoch damit nicht durch. Dafür beschloss das Kuratorium 1912 erneut eine Satzungsänderung. Damit verbunden war ein Namenswechsel. Das Haus nannte sich jetzt Evangelisches Diakonissenhaus Berlin-Teltow. Dadurch sollte ein Perspektivwechsel deutlich werden, der in der praktischen Arbeit bereits gegriffen hatte: weg von der Sicht auf die Anvertrauten als in grobe Sünde gefallene (Magdalenen) hin zu einer gleichberechtigten und gleichgewichtigen Sicht auf die Menschen und ihre sozialen Probleme.

Erster Weltkrieg und Ende des Kaiserreichs

Dass der Erste Weltkrieg die Grundfesten der gewohnten ständischen wie bürgerlichen Ordnung in einer Weise erschüttern würde, die den Gang der Weltgeschichte nachhaltig beeinflussen sollte, hat im August 1914 niemand geahnt. Der Kriegsausbruch war aber auch im stillen Teltow alsbald spürbar, „insbesondere dadurch, dass Fürsorgezöglinge in immer größerer Zahl der Anstalt überwiesen wurden", schrieb der Chronist Max Schultz, „durch die militärische Einziehung wurden die Väter aus dem Haus entfernt, die Mütter durch den Arbeitsdienst mehr und mehr in Anspruch genommen, es fehlte an für die Unterbringung geeigneten Familien, im Interesse der Volksgesundheit wurde die Prostitution möglichst von den Straßen verdrängt." Die Schwesternschaft des Diakonissenhauses zeigte sich den Anforderungen gewachsen, auch den Außenstationen konnten noch Schwestern zugewiesen werden. Den unbemittelten Angehörigen und den Wöchnerinnen der im Felde stehenden Bewohner Teltows wurde im Diakonissenhaus ein kostenloses Mittagessen gereicht und die Wäsche unentgeltlich gereinigt. In Abstimmung mit Stadt und Landkreis schickte man den landwirtschaftlichen Betrieben der Umgebung Gruppen von Zöglingen mit ihren Erzieherinnen für die Getreide- und Kartoffelernte. „Die wirtschaftlichen Anforderungen, die Ernährung und Verpflegung der wachsenden Zahl der Zöglinge und Schwestern stellten, konnte die Anstalt mit der Bewirtschaftung des eigenen Grund und Bodens, der noch durch Pachtung vergrößert wurde, zu mehr als zwei Dritteln als Selbstversorger genügen; Nahrungssorgen spielten erfreulicherweise niemals eine besondere Rolle."

Bekanntlich endete der Krieg anders, als es sich die meisten Deutschen vorgestellt hatten. Der militärische Zusammenbruch kam, nach Jahren der Entbehrungen, für viele im Herbst 1918 unerwartet. Welche dramatischen wirtschaftlichen Folgen die Niederlage haben würde, konnte noch kaum jemand absehen, als sich die ersten politischen Folgen zeigten. Kaiserin Auguste Viktoria legte bei Kriegsende das Protektorat über das Diakonissenhaus nieder und ging, wie ihr Mann Kaiser Wilhelm II., ins niederländische Exil. Auch die Hofstaatsdame Gräfin von Keller büßte in Ermangelung eines Hofes ihre Legitimation ein und schied aus dem Kuratorium aus. Zu allem Überfluss hatten sich im Laufe der Jahre zwischen der Oberin Frieda Kröger und dem Vorsteher Pfarrer Friedrich Buschmann im Lauf der zurückliegenden Jahre erhebliche Spannungen ausgebaut; beide schieden zum 1. Juli 1919 aus dem Amt. Und wieder glich das Diakonissenhaus einem führerlosen Schiff auf unruhiger See.

Vor neuen Herausforderungen

Glücklicherweise war die Struktur der Schwesternschaft stabil genug, dass sie auch das Kriegsende, die Abdankung des Kaisers und Königs von Preußen, Revolution und Konterrevolution, das Zusammentreten der Nationalversammlung in Weimar, die Wahl Friedrich Eberts zum Reichspräsidenten am 11. Februar 1919, die Unterzeichnung des Friedensvertrags von Versailles am 28. Juni 1919 relativ unbeschadet überstand. Pfarrer Max Wießner trat am 1. Juli 1919 seinen Dienst als Anstaltsgeistlicher des Evangelischen Diakonissenhauses Berlin Teltow in einem anderen Land an als sein Vorgänger – in einem Land, vom dem die Reichsverfassung vom 11. August 1919 in Artikel 1 sagte: „Das Deutsche Reich ist eine Republik. Die Staatsgewalt geht vom Volke aus."

Am 1. November 1919 trat Schwester Anna von Noël (1876–1958) ihren Dienst als Oberin an. Trotz der unruhigen Zeiten verlief die Arbeit des Evangelischen Diakonissenhauses in relativ ruhigen Bahnen. „Die ruhige Entwicklung der Anstalt, die mit dem Bau des Pavillons für die Schwererziehbaren, der erweiterten Krankenstation und der Lehrküche einen immer größeren Umfang angenommen hatte,

Die Mutterhausküche mit einer für die Zeit modernen technischen Ausstattung

ließ es möglich erscheinen, einem größeren Bauvorhaben näherzutreten, dass in erster Linie von dem Leiter des Berliner Jugendamtes Direktor Knaut angeregt war", berichtet Max Schultz. „Trotz der Herrichtung des einen Pavillons als Krankenstation, die etwa 30 bis 40 kranke Zöglinge aufnehmen konnte, genügte sie dem dauernden Bedarf nicht; vielmehr musste immer wieder eine größere Zahl von Zöglingen in die Berliner Krankenhäuser aufgenommen werden. Diese Kranken wurden als eine schwere Belastung der Berliner Krankenhäuser empfunden, während auf der anderen Seite die Anstaltserziehung der Zöglinge durch Herausnahme aus der Anstalt in unerwünschter Weise unterbrochen wurde. Es wurde deshalb als notwendig erachtet, eine größere Krankenstation einzurichten, die für etwa achtzig bis einhundert Zöglinge ausreiche." Was Max Schultz hier so vorsichtig als schwere Belastung umschreibt, ist die Tatsache, dass es sich bei den Krankheitsfällen überwiegend um Geschlechtskrankheiten handelte. Die waren in den Krankenhäusern der Stadt Berlin – und eigentlich nirgendwo – gern gesehen. Letztlich war der Krankenhausneubau eine Maßnahme der

Jugendhilfe. Im Hinblick auf das für 1927 erwartete Gesetz zur Bekämpfung der Geschlechtskrankheiten schien das Bauvorhaben dringend geboten. Es war also zunächst kein Haus der allgemeinen Gesundheitsversorgung. Deshalb wurde der Bau auch nicht als „Krankenhaus" geplant, sondern – unter dem Erziehungsleitbild „Familie" – als Zweifamilienhaus.

„Daneben hatte sich mit der fortschreitenden Vergrößerung des Landbesitzes der Anstalt, der allmählich auf über 150 Morgen[43] angewachsen war, der Bau und die Einrichtung eines größeren Wirtschaftshofes je länger desto mehr als notwendig herausgestellt, zumal der bisherige Wirtschaftshof dicht an der großen Lichterfelder Straße lag und sein Betrieb vielfachen Störungen ausgesetzt war." Die Baukosten für diese Projekte lagen bei über einer Million Reichsmark.[44] Das bedeutete eine starke Belastung durch Kapitaldienst. Doch hatte man kalkuliert, dass die Kosten für Zins und Tilgung der Bausumme bei einer Belegung mit 180 bis 200 Zöglingen – die erweiterte Anstalt hätte bis zu 220 Zöglinge aufnehmen können – ohne übermäßige Belastung der Finanzkraft aufgebracht werden konnten. Die Gelder für den Bau wurden mittels hypothekarischer Darlehen beschafft. Der Bau selbst wurde in den Jahren 1926 und 1927 zügig vollendet.

Krankenhaus Nazareth, eingeweiht 1927

Der Sonnenhof – Wirtschaftshof des Evangelischen Diakonissenhauses Berlin-Teltow, mit seiner Einrichtung 1927 bis zum Brand der Scheunen 1966 der Mittelpunkt des landwirtschaftlichen Lehr- und Versorgungsbetriebs

Leider konnte die Belegung der Anstalt nicht wie geplant durchgeführt werden. So machten die Schuldverpflichtungen der Leitung des Hauses bald große Sorgen. Max Schultz spricht von „politischen Strömungen in der Berliner Stadtverordnetenversammlung, die auch auf die Fürsorgeerziehung übergriffen." Die sozialdemokratisch geprägte Stadtverordnetenversammlung und die zuständigen Dezernentinnen waren mit den Erziehungsprinzipien, wie sie im Evangelischen Diakonissenhaus gepflegt wurden, nicht einverstanden. Da sie ihre Vorstellungen gegenüber dem Diakonissenhaus nicht durchsetzen konnten, schufen sie in Lichtenrade eine städtische Erziehungsanstalt „für dissidentische – nicht kirchengebundene – schulentlassene Mädchen", die von den Berliner Behörden nun bevorzugt belegt wurde. Die Auseinandersetzung war, dem Geist der damaligen Zeit entsprechend, stark ideologisiert und wurde weniger im Interesse der Sache als dass sie dem politischen Konzept zweier einflussreicher Sozialpolitikerinnen geschuldet waren: Klara Weyl (1872–1941) und Minna Todenhagen (1880–1950) vom Landesjugendamt Berlin. Schließlich schlugen 1931 auch noch die Kommunisten in die gleiche Kerbe und beschuldigten das Diakonissenhaus der Tätlichkeit, Drangsalierung, Ausbeutung und des mangelnden Mutterschutzes. Alle Vorwürfe konnten in einer staatsanwaltlichen Untersuchung entkräftet werden. Die Ermittlungsakten wurden am 6. Oktober 1932 geschlossen.

Die Folge dieser ideologisch motivierten Benachteiligung des Diakonissenhauses aber war, dass immer weniger Berliner Zöglinge nach Teltow eingeliefert wurden – im Jahr 1930 waren es nur noch achtzig junge Berlinerinnen statt der erwarteten 180 bis 200 – und das führte zu erheblichen Ausfällen an Kostgeld, das in der Kalkulation für den Schuldendienst natürlich einkalkuliert war. Die kurzfristigen Verbindlichkeiten, die zur Deckung der laufenden Unterhaltskosten eingegangen werden mussten, beliefen sich auf 60 000 Reichsmark. Eine Lösung war kurzfristig nicht in Sicht. Der Streit um die Belegungspraxis des Berliner Jugendamts zog sich mit Protesten, Ministererlassen und Umwidmungen bis 1932 hin. Max Wießner gelang es aber, beim Evangelischen Oberkirchenrat in Berlin die Einführung einer Kollekte zugunsten des Diakonissenhauses Berlin-Teltow zu erwirken. Die Gemeinden der altpreußischen Kirchenprovinzen brachten fast 32 000 Reichsmark auf; damit konnten kurzfristige Verbindlichkeiten des Diakonissenhauses bedient werden. Diese Kollekte wurde seitdem – bald für alle Diakonissenhäuser der Mark Brandenburg – jährlich aufgelegt.

Haus Tannenhof stand zu dieser Zeit weitgehend unbelegt leer. Für das Zweifamilienhaus wurde schon während der Bauzeit klar, dass es zu einer Belegung mit achtzig Patienten nicht kommen würde; man musste die Erwartungen halbieren. Für das frei bleibende halbe Zweifamilienhaus fanden Oberin und Vorsteher eine Nutzung als „Damenheim", wohl mit dem Blick auf die zahlreichen, zum Teil durch die

Gelände des Magdalenenstifts – Ansicht von Westen

Inflation verarmten Offizierswitwen in Lichterfelde. Für das Haus Tannenhof vereinbarte das Diakonissenhaus mit dem Kirchlichen Erziehungsverband der Provinz Brandenburg eine Belegung mit einer Gruppe „schwachsinniger Kinder", wie sie in den zeitgenössischen Dokumenten genannt wurden. Ursprünglich als Notbehelf gedacht, um eine angespannte wirtschaftliche Situation zu meistern, wurde doch hier die Grundlage für zwei Wirkungsfelder gelegt, die Jahrzehnte später für die Arbeit des Evangelischen Diakonissenhauses bestimmend werden sollten: die Altenpflege und die heilpädagogische Arbeit mit geistig Behinderten.

Die Hitler-Zeit

Mit der Machtübernahme des Hitler-Regimes In Deutschland werden die Eintragungen des Chronisten Max Schultz auffallend kurz. Zwei Absätze sind es noch, die einen Zeitraum von neun Jahren umreißen. Im ersten Absatz wird mitgeteilt, dass „nach dem Heimgang Pfarrer Wießners" nun

Pfarrer Alfred Fritz die Geschäfte des Anstaltsgeistlichen allein führt. Der zweite Absatz ist eine Danksagung. „Mit Gottes Hilfe ist es gelungen, die Arbeit bis jetzt, wo das Haus an ein einhundertjähriges Bestehen denken kann, weiterzuführen." Nach Feiern ist im Jubiläumsjahr 1941 niemandem zumute.

„Mehr ist nicht zu erzählen?", fragt Rainer Bookhagen. „Nichts von ‚Machtergreifung'? Nichts von ‚Kirchenkampf' und ‚Deutschen Christen' und ‚Bekennender Kirche'? Nichts von ‚Gleichschaltung'? Nichts von ‚Zwangssterilisation' und nichts von ‚Euthanasie'? Nichts von Krieg und Zerstörung?"[45]

Vielleicht geben gerade die Auslassungen, das Nichtbenennen, einen deutlichen Aufschluss über das Geschehene, Gesehene, Erfahrene. Ereignisse, die Max Schultz nicht einfach in chronologischer Folge berichten kann, weil sie so viel Unsagbares enthalten. Weil schon das Berichten Einverständnis mit dem Geschehenen andeuten könnte. Weil er empfand, dass, wenn nicht gesprochen werden kann, geschwiegen werden muss. Und, nicht zu vergessen, Max Schultz stand selbst noch inmitten der Ereignisse, inmitten eines Landes, dessen Führung die leiseste Andeutung von Kritik mit KZ und Fallbeil beantwortete.

Viele Illusionen waren mit der Machtübernahme Hitlers verbunden gewesen. Namentlich in kirchlichen und konservativen Kreisen, wo mancher noch dem Kaiserreich nachtrauerte und das Ende der „Systemzeit" freudig begrüßte, erhoffte man auf eine Rückkehr zu festen, autoritären Strukturen. Der Preußische Minister des Inneren und Ministerpräsident, Hermann Göring, hatte vollmundig erklärt, dass „die Heimfürsorge an Alten, Kranken und Gefährdeten", ebenso wie die nachgehende erzieherische Betreuung von „Jugendlichen als Pflegekindern, Mündeln oder Schutzbefohlenen, in Kindergärten und Horten, in Heimen und Erziehungsanstalten in allerweitestem Umfange durch die freie Wohlfahrtspflege und deren Einrichtungen zu erfolgen haben."

Klang das nicht fast wieder so wie in den Zeiten, „als die Minister in Preußen von Rochow, von Manteuffel oder von Raumer hießen"[46] und deren Ehefrauen den Frauen-Verein und das Magdalenenstift beförderten? Ein Jahr später waren die meisten Illusionen der Ernüchterung gewichen. Die „Deutschen Christen" waren spätestens nach dem Sportpalast-Skandal isoliert: Der Berliner Gauobmann der Deutschen Christen, Reinhold Krause, hatte in einer antisemitischen Hetzrede von „Viehhändler- und Zuhältergeschichten" des Alten Testaments geschwafelt und die „Sündenbock- und Minderwertigkeitstheologie des Rabbiners Paulus" verdammt. Nach der Rundfunkübertragung dieser Rede kam es zu Massenaustritten aus der Bewegung Deutscher Christen. Der Pfarrernotbund formierte sich zur Bekennenden Kirche. Auch die Hoffnungen, die man auf den Runderlass Hermann Görings gesetzt hatte, entpuppten sich als Täuschung. Längst war die Nationalsozialistische Volkswohlfahrt auf allen Ebenen dabei, sich die Einrichtungen und Verbände der Inneren Mission gleichzuschalten und – wo möglich – einzuverleiben.

Und noch etwas war hinzugekommen. Bereits lange Zeit vor dem Machtantritt der Nationalsozialisten gab es in Deutschland Debatten um Sterilisation von behinderten Menschen und die Sterbehilfe. Man wollte die Ausbreitung von Erbkrankheiten verhindern und Kosten der Pflege und Unterbringung von den als „minderwertig" klassifizierten Menschen nicht noch weiter steigen lassen. Unter dem Stichwort „Eugenik" diskutierte man, wie sich das menschliche Erbgut verbessern lasse. Auch sozialdarwinistische Ansichten, die die Auslese der Stärksten propagierten, und rassehygienische Ansichten, die eine Degeneration des „Volkskörpers" fürchteten, fanden in den Jahren vor 1933 eine weite Verbreitung.[47]

Als im Januar 1933 die NSDAP an die Macht gelangte, war schnell erkennbar, dass sie in der Sterilisationsfrage radikal vorgehen würde. Bereits am 14. Juli 1933 verabschiedete die neue Regierung das Gesetz zur Verhütung erbkranken Nachwuchses, das am 1. Januar 1934 in Kraft trat. Demzufolge mussten alle diejenigen angezeigt und sterilisiert werden, die an einer Erbkrankheit litten. Dazu gehörten unter anderem „angeborener Schwachsinn", Schizophrenie, erhebliche Blind- und Taubheit sowie schwere körperliche Missbildungen. Derartige Krankheiten waren anzeigepflichtig.[48]

„Bereits zur Zeit der Weimarer Republik war daran auch unter Beteiligung der Inneren Mission gearbeitet worden. Nur in einem, indessen entscheidenden Punkt war der Entwurf jetzt verändert. Von freiwilliger Sterilisation in den vom Gesetz benannten Erkrankungen, Behinderungen, Schädigungen war nicht mehr die Rede. Mit dem Gesetz war die Zwangssterilisation eingeführt worden. Sollte man tatsächlich nur auf die Anwendung im Einzelfall hoffen? Und was wollte man gegen das Kostenargument sagen, dem man sich bereits in der Vergangenheit zu keinem Zeitpunkt verschlossen hatte?"[49]

Vorsichtiges Taktieren

Im beginnenden Kirchenkampf zwischen der Bekennenden Kirche und den sogenannten Deutschen Christen bewegte sich das Diakonissenhaus vorsichtig taktierend; aber wer die Zeichen zu deuten verstand, wusste, auf welcher Seite die Anstaltsleitung stand. Zum Jahresfest 1934 hatte das Diakonissenhaus eingeladen – unter anderem mit dem Satz: „Der Rückblick auf eine lange, oft schwere und doch gesegnete Geschichte soll uns zum Dank und zur Demut und zum Glauben weisen, und der Ausblick in die sorgenvollen Tage soll die Herzen zum Aufblick nach oben wenden." Auch, dass Pfarrer Johannes Zippel, Geistlicher an der St. Lukas Kirche in Berlin-Steglitz und der Bekennenden Kirche zugehörig, zum Jahresfest predigen würde, sagte einiges aus.

„Dass dabei jedenfalls Alfred Fritz nach einem dritten Weg, einem zwischen den kirchlichen Fronten, sucht, vor allem weil er mit seiner Ablehnung der Deutschen Christen nicht in eine politische Frontstellung zu denen geraten will, die mit dem Schein des Rechts ‚Gleichschaltung' und ‚Entkonfessionalisierung des öffentlichen Lebens' betreiben, wird man verstehen können. Er wollte ja weder den Evangelischen Reichs-Erziehungs-Verband, dessen Direktor er ja war, noch das Evangelische Diakonissenhaus Berlin-Teltow, in dem er die Erziehungsarbeit verantwortete, als ein Werk der evangelischen Kirche und ihrer Inneren Mission gefährden."[50]

Die Nationalsozialistische Volkswohlfahrt (NSV) versuchte weiter, in die Einrichtungen der Inneren Mission einzugreifen. Nicht immer direkt. Oft durch die Hintertür. „Etwa als man im Sommer 1935 von der NSV gefragt wurde, ob fünfzig Teltower Kinder vier Wochen Ferien im Diakonissenhaus verbringen können. Was wäre, wenn man ablehnte? Aber es ging nicht um die immer größeren Schwierigkeiten zwischen der Inneren Mission und NSV, die sich gerade auch in der Mark Brandenburg zeigten. Es ging um die Kinder."[51]

Schwester Irene Blumenthal (1913–2005), die 1933 zum Medizinstudium an der Berliner Universität nicht zugelassen wurde, weil ihr Vater Jude war, kam Anfang 1935 als Probeschwester ins Diakonissenhaus – Oberin Anna von Noël legte keine Personalakte an. „Die erforderlichen Angaben fanden ihren Platz im Schwesternbuch, das von der Oberin geführt und bei ihr aufgehoben ist. Und so ist Irene Blumenthal zunächst Schwester im Mutterhaus, dann im Haus ‚Tannenhof'. Und dann im ‚Haus in der Sonne' in Züllichau, einer ‚Außenstation' des Evangelischen Diakonissenhauses Berlin-Teltow. In diesem wie in jenem Haus gilt der Dienst ‚nervenkranken', ‚schwachsinnigen' Kindern."[52] Irene Blumental verlor aufgrund der Nürnberger Rassegesetze ihre „Reichsbürgerschaft". Das Diakonissenhaus schützte sie weiter, ließ sie an der Evangelischen Frauenschule eine Erzieherinnenausbildung absolvieren, setzte sie am 1937 im Mädchenheim Siloah in Berlin-Pankow ein. Im Haus Wiesengrund in Züllichau musste sie später erleben, wie drei jüdische Kinder abtransportiert wurden, und schilderte es als „furchtbares Erlebnis". Nach dem Krieg bekam sie ihre Staatsbürgerschaft zurück und konnte in Berlin Medizin studieren. Sie promovierte 1951 und wurde als Fachärztin für Neurologie und Psychiatrie 1961 Chefärztin der Klinik für Kinder- und Jugendpsychiatrie am Krankenhaus Herzberge in Berlin. Als Synodale des Bundes der Evangelischen Kirchen in der DDR plädierte sie für die Hinwendung der Diakonie zu Menschen mit Schädigungen und Behinderungen und wies besonders auf Suchtgefahren bei Kindern und Jugendlichen hin. Bis zuletzt war sie als Patientenfürsprecherin im Krankenhaus tätig.

Die „Verbandsschwestern"

Schon in der Kaiserzeit wurde es immer schwieriger, geeigneten Nachwuchs für die Diakonissen-Schwesternschaft zu finden. Dort wo sie in der Pflege oder in Erziehungsanstalten eingesetzt waren, konnten sie die Arbeit nicht alleine schaffen. Die zahlreichen Helferinnen, die den Diakonissen zur Seite standen, erregten 1933 das besondere Interesse der nationalsozialistischen Funktionäre. In Kaiserswerth hatte Auguste Mohrmann (1891–1967), damals noch nicht „Oberin", aber einfluss- und einfallsreiche Mitarbeiterin im Kaiserswerther Verband deutscher Diakonissenmutterhäuser, die Diakonissen in den Mutterhäusern des Verbandes vor der Gleichschaltung durch den nationalsozialistischen Machtapparat bewahrt. Was wäre geschehen, wenn die Diakonissen vom Regime gleichgeschaltet und der Nationalsozialistischen Volkswohlfahrt (NSV) zugeordnet worden wären? Dann hätte der nationalsozialistische Machtapparat mitten in den evangelischen diakonischen Einrichtungen gestanden, in den Krankenhäusern, in den Kindergärten, den Erziehungsheimen. Dann hätte sich die nationalsozialistische Ideologie fest im kirchlichen Raum eingenistet. Auguste Mohrmann wollte diesem Szenario zuvorkommen. Bis Oktober 1933 hatte sie es geschafft, dass sich alle evangelischen Schwesternverbände zur Diakoniegemeinschaft zusammenschlossen. Damit waren etwa 50 000 Schwestern der evangelischen Diakonie unter einem gemeinsamen Dach vereint, die Diakonissen Kaiserswerther Prägung ebenso wie die Schwesternschaft der „Mutter Eva" von Tiele-Winckler (1866–1930) und die Schwesternschaft des Zehlendorfer Diakonie und die bethanische Schwestern. Nicht vermeiden ließ sich, dass sich die Diakoniegemeinschaft mit ihrer „Führerin" Auguste Mohrmann in die Reichsfachschaft Deutscher Schwestern und damit in die Deutsche Arbeitsfront eingliedern musste. „Das mochte zwar zur Folge haben, dass die vom Mutterhaus angebotenen Fortbildungskurse neben Bibelarbeiten, biblischen und praktisch-kirchlichen Themen auch solche nationalsozialistisch-ideologischer Art standen. Die Kurse sollten ja als Fortbildungsmaßnahme staatlich anerkannt werden. Zudem musste man am ‚Leistungskampf' teilnehmen, um sich im Erfolgsfall als ‚nationalsozialistischer Musterbetrieb' ausweisen zu dürfen. Es ist nicht überliefert, dass diese – zweifelhafte – Ehre dem Evangelischen Diakonissenhaus zuteilwurde. Aber dieses Nebeneinander einer ‚nationalsozialistischen Weltanschauung', die den Alltag ja ohnehin bestimmte, und dem Glaubensleben in der Gemeinschaft der Schwestern war eher zu ertragen als die Übernahme durch die NSV und der Wechsel des Diakonissenkleides mit dem braunen Kleid der NSV-Schwester."[53]

Auguste Mohrmann wollte auch die Hilfsschwestern nicht einfach den Nationalsozialisten überlassen. Am 1. März wurden die Hilfsschwestern der Diakonissenhäuser unter dem Dach des Kaiserswerther Verbandes zu einer eigenen Schwesternschaft vereinigt, den sogenannten Verbandsschwestern. Sie bekamen eine einheitliche Tracht und eine eigene Brosche; sie blieben, obwohl nicht als Diakonissen eingesegnet, ihren Mutterhäusern zugeordnet. Mit dieser Gründung waren die Hilfsschwestern zum Zugriff der NSV und der zwangsweisen Integration in die NS-Schwesternschaft entzogen.

Für das Evangelische Diakonissenhaus Teltow war die Arbeit ohne die Hilfsschwestern schon lange nicht mehr zu bewältigen, ohne Frauen, die ihren Nächstendienst zwar als Beruf, aber nicht als Berufung zu einer Lebensgemeinschaft ansahen.

Aus dem Haus Tannenhof im Teltower Diakonissenhaus zogen etwa zwanzig „nervenkranke" Kinder mit ihren „Tanten", Schwester Auguste Woop und ihren Helferinnen in ein Haus des Kirchlichen Erziehungs-Verbandes nach Oranienburg. Die Nervenklinik für Kinder und Jugendliche in Berlin Wittenau, in Person des leitenden Oberarztes, war medizinisch für die Kinder im Heim Oranienburg ebenso zuständig wie für die Kinder im Haus in der Sonne in Züllichau, wo Schwester Irene Blumenthal Dienst tat. Seit 1941 war das Haus Wiesengrund als sogenannte Kinderfachabteilung selbstständig. Dort wurden unter anderem vom „Reichsausschuss zur wissenschaftlichen Erfassung von erb- und anlagebedingten schweren Leiden", einer Tarnorganisation, die den Mord an behinderten Kindern plante, 175 Kinder eingeliefert. Die „Reichsausschusskinder" waren dem Tod geweiht. An ihnen wurden Experimente vorgenommen, sie wurden mittels Mangelernährung oder Übermedikation zu Tode gebracht und waren selbst dann vor „experimentierenden" Pathologen nicht sicher. Einundachtzig Kinder starben so bis Kriegsende.

Zu den Komplexen Zwangssterilisierung und „Reichsausschusskinder" wird gegenwärtig an der Universität Bochum geforscht. Als zentrale Verteilstelle für evangelische schulentlassene Mädchen aus Berlin kam dem Teltower Haus seit 1932 eine Schlüsselstellung zu. Hier wurde entschieden, ob sie in ein anderes Heim, in eine Pflegefamilie, eine Dienststellung oder gar zu den Eltern entlassen wurden. Aus dem Erbgesundheitsregister Berlins aus der NS-Zeit ließen sich für die Jahre 1934 bis 1945 bisher etwa einhundert Fälle ermitteln, in denen Erbgesundheitsverfahren eröffnet wurden: gegen Zöglinge aus den Einrichtungen Mädchenheim Teltow, Erziehungsheim Siloah in Berlin-Pankow, Mariannenhaus in Berlin-Dahlem, Haus Sichar in Berlin-Plötzensee, die entweder in der Trägerschaft des Ev. Diakonissenhauses standen oder von Schwestern des Diakonissenhauses Berlin-Teltow besetzt waren. Obwohl der Vorsteher, Pfarrer Alfred Fritz, sich namens des Evangelischen Reichserziehungsverbandes gegen die Durchführung der Operationen an Zöglingen von Erziehungsheimen aussprach, solange sie noch in den Einrichtungen waren, wurden die Anzeigen der „erbkrankheitsverdächtigen" Zöglinge gemäß den gesetzlichen Vorgaben an den Amtsarzt gemacht, der dann je nach Dringlichkeit (zum Beispiel bevorstehende Entlassung etc.) die Anträge an das Erbgesundheitsgericht stellte. Gut siebzig Prozent dieser Verfahren wurde zwischen 1934 und 1936 in Gang gesetzt. Die jüngste Betroffene war zu diesem Zeitpunkt zehn Jahre alt. In den ersten Jahren wurde in durchschnittlich vier von fünf Fällen vom Berliner Erbgesundheitsgericht auf Sterilisation entschieden. Ab 1937 sank die Quote deutlich ab.

Aus Einzelfällen, die leider nur zum Teil überliefert sind, muss man schließen, dass die Schwestern und Erzieherinnen im Rahmen der Verfahren als „Expertinnen" mitwirkten, obwohl sie nicht über entsprechende medizinische Kenntnisse verfügten. Die Urteile über die betroffenen Mädchen lauteten oft auf „angeborenen Schwachsinn"; diese Diagnose findet sich in besonderer Häufung in Einrichtungen der Jugendfürsorge und in Heil- und Pflegeanstalten. Offenbar wurden dabei vielfach Verhaltensstörungen oder vermeintliches sittliches Fehlverhalten mit der Diagnose „angeborener Schwachsinn" gleichgesetzt.[54]

„Bis jetzt ist es noch unbekannt, ob Irene Blumenthal oder sonst eine Schwester des Evangelischen Diakonissenhauses

Berlin-Teltow oder Anna von Noël oder Max Wießner oder Alfred Fritz vor eine Entscheidung ihres Gewissens gestellt waren, sei es im Falle einer Zwangssterilisation oder bei einer als ‚Gnadentod' verbrämten Kindertötungsaktion erfolgenden Überstellung in eine ‚Kinderfachabteilung'. Auszuschließen ist es ganz und gar nicht", schreibt Rainer Bookhagen[55]. Die Forschung zu diesem Komplex wird weitergeführt.

Als Pfarrer Max Wießner am 28. Februar 1939 starb, übernahm Alfred Fritz die Leitung des Hauses. In seine ersten Amtsjahre fielen unerfreuliche Auseinandersetzungen mit dem preußischen und Reichsfinanzministerium um die Befreiung von der Grundsteuer. Da es dem NS-Regime bis 1938 nicht gelungen war, die evangelischen diakonischen Einrichtungen zu entkonfessionalisieren, versuchte man es in einem erneuten Anlauf auf fiskalischem Wege, indem man den evangelischen Einrichtungen den Status der Gemeinnützigkeit und Mildtätigkeit absprechen wollte. Der Beginn des Krieges am 1. September 1939 bereiteten Entkonfessionalisierung und fiskalischem Streit ein Ende. Das Haus Nazareth, soweit es Krankenhaus war, wurde Lazarett und unterstand der Wehrmacht. Als die alliierten Bombenangriffe Berlin immer häufiger und immer schwerer trafen, wurde auch das Teltower Diakonissenhaus mit Verletzten belegt. In der Nacht vom 23. zum 24. August fuhren die Krankenwagen achtundsechzig Mal in Teltow vor. Vier Nächte später wurde auch das Krankenhaus des Diakonissenhauses getroffen. In der Nacht zum 1. September 1943 wurde das Mutterhaus schwer beschädigt. Die Kapelle brannte vollständig aus. Der Krieg erreichte Berlin. Am 22. April 1945 verlief die Frontlinie direkt vor dem Diakonissenhaus, am Teltowkanal.

Im Schatten einer Grenze

20. April 1945. In Berlin feiert Adolf Hitler in der gespenstischen Kulisse der teilweise zerstörten Neuen Reichskanzlei seinen sechsundfünfzigsten Geburtstag, bevor er sich endgültig in seinen Bunker zurückzieht. Gleichsam als Salut schießt die sowjetische Artillerie mit schweren Kalibern in die Stadt hinein. Die britische Luftwaffe fliegt einen letzten großen Nachtangriff auf Berlin. In Teltow notiert zur gleichen Zeit Oberin Anna von Noël einen letzten Eintrag in das Tagebuch, in dem sie seit Jahren die Ereignisse eines jeden Tages verzeichnet. „Mutterhaus: Flüchtlinge aus Fürstenwalde 3 Erwachsene und 5 Kinder; in der Nacht 4 Verwundete aufgenommen. Erziehungsheim: Hannelore Förster nach Hause entlassen." Damit endet das Tagebuch der Oberin.

Oberin Anna von Noël

In der Frontlinie

Schwester Erna Meyer, die bis zu ihrem Feierabend 1969 für das Diakonissenhaus arbeitete, verfasste 1946 die Erinnerungen an die Tage, während denen der Teltowkanal unmittelbar vor dem Diakonissenhaus Frontlinie war. Diese Notizen ersetzen die offiziellen Dokumente und Akten, die aus nachvollziehbaren Gründen in diesen Tagen nicht geführt wurden.

Als sich andeutete, dass auch Teltow unmittelbare Kampfzone werden würde, bereiteten die Schwestern die schnelle Entlassung möglichst aller Jugendlichen vor. „Personalpapiere, Lebensmittel-Abmeldung, eigene Gelder wurden bereitgehalten sowie die nötigsten Sachen der Jugendlichen zum Mitnehmen verpackt. So konnten im Laufe des Freitags und des Sonnabends (20. und 21. April) alle diejenigen Jugendlichen entlassen werden, für die wir noch eine erreichbare Adresse vorgemerkt hatten. Da die Bahnen noch gingen, vollzog sich die Entlassung reibungslos. Zurück blieben 15 Jugendliche, davon elf, die dem Landesjugendamt Berlin unterstehen." Am 21. und 22. April wurden auch die meisten Kinder, die im Diakonissenhaus untergebracht waren, von ihren Eltern abgeholt. Nur acht bis zehn Kinder verblieben in der Einrichtung. Die nachfolgenden Ereignisse erlebte Schwester Erna Meyer so: „Am 22. April feierten wir den letzten Gottesdienst vor der Kampfzeit. Wir sangen als letztes Lied ‚Wer weiß, wie nahe mir mein Ende'. Ein gemeinsamer Gang zum Tische des Herrn beschloss die Feier. Während des Gottesdienstes sahen wir ringsum dicke Rauchwolken von großen Bränden und hörten starke Detonationen. Wie man uns sagte, waren militärische Gebäude gesprengt worden. Nachmittags um 2:00 Uhr setzte starkes Schießen ein. Wir dachten zuerst an einen Luftangriff und suchten die Keller auf. Doch bald erschienen die ersten Russenpanzer. Einige Soldaten durchsuchten das ganze Haus nach Militär und Waffen. Sie fuhren bald weiter, und unser Haus wäre vielleicht vollständig

Schwester Erna Meyer (Mitte) – Diakonisseneinsegnung 1954

unbehelligt geblieben, wenn nicht zur gleichen Stunde sämtliche den Teltowkanal führenden Brücken durch den ‚Volkssturm' gesprengt worden wären. So kamen die Panzer nicht weiter, kehrten zurück, und es entwickelte sich nun ein zwei Tage dauernder Artilleriekampf, – die Russen hatten einen Gefechtsstand in unserem Hause errichtet, – bei dem unsere Häuser sowohl von russischer als auch von deutscher Seite größere Schäden erlitten."

Es war die sowjetische 3. Garde-Panzerarmee unter der Führung von Generaloberst Pawel S. Rybalko (1894–1948), die im Verband der 1. Ukrainischen Front von Süden her den Weg in das Zentrum Berlins freikämpfen sollte. Auf dem Dach des Diakonissenhauses, das seit den Bombenschäden vom September 1943 als flaches Notdach ausgeführt war, richtete General Rybalko einen Beobachtungsstand ein. Auch Marschall Iwan Konew, der Oberbefehlshaber der 1. Ukrainischen Front, nutze diesen Beobachtungsstand, als er am 24. April die Artillerievorbereitung mit einer Dichte von 600 Rohren pro Frontkilometer für den Angriff über den Teltowkanal hinweg beginnen ließ.

„Mittags wurde der Beschuss so stark", erinnert sich Schwester Erna Meyer, „dass die Soldaten uns aus den an der Straße gelegenen Kellern heraustrieben, so dass wir in die Keller von drei Häusern zusammengedrängt wurden. Die Kinder wurden in den Kleiderraum der Mädchen gebracht; wir machten ihnen ihre Betten in den Kleiderregale der Mädchen zurecht."

Zwei Wochen verbrachten die Diakonissen und die ihnen Anvertrauten fast ausschließlich im Keller. Am 25. April wurde die Schneidermeisterin, Schwester Ida Marpe von einem russischen Soldaten erschossen, als sie sich schützend vor ein junges Mädchen stellte. Die Familie von Pfarrer Blochwitz, die aus der Neumark geflohen war und im Teltower Diakonissenhaus Zuflucht gesucht hatte, brachte sich nach einem Vergewaltigungsversuch an der Frau des Pfarrers gemeinsam um. Eine alte Heiminsassin wurde in diesen Tagen wahnsinnig. „Schaurig war ihr Geschrei, bis der Tod sie erlöste." Insgesamt starben siebzehn Personen in den zwei Kellerwochen. Am 25. April hatte eine Gruppe von Angestellten und Jugendlichen versucht, einen Weg in eine weniger umkämpfte und gefährdete Gegend zu finden. Die meisten kamen am Abend schon wieder zurück, weil sie einsahen, dass es nirgendwo friedfertiger war in diesen Tagen.

Am 4. Mai, nachdem die Kämpfe um Berlin beendet waren, zogen die meisten russischen Kampftruppen ab. Die 1. Ukrainische Front drehte ihre Hauptkräfte nach Süden ab, um im Raum Dresden und in Böhmen die letzten Großverbände der deutschen Wehrmacht zu zerschlagen. In Teltow konnte man mit den Aufräumungsarbeiten beginnen. Die Lebensmittelvorräte waren geplündert, die Zentralküche nicht mehr benutzbar. So richteten die Schwestern im Freien einige Feuerstellen ein, um wenigstens etwas Suppe kochen zu können.

Noch im Mai wurde im Diakonissenhaus ein Hilfskrankenhaus mit zunächst vierzig Betten eingerichtet, das von der Bevölkerung Teltows und des Umlandes sofort stark frequentiert wurde. Dabei fehlte es anfangs so gut wie an allem:

Betten, Wäsche, Verbandsmaterial, Medikamente und medizinische Instrumente. „Berge von unbeschreiblich verschmutzter Wäsche wurde in der Wäscherei gereinigt", schreibt Schwester Erna Meyer, „bis Kohlenmangel eintrat und der Betrieb eingestellt werden musste."

Eine unaufschiebbare Aufgabe war die Aufnahme und Versorgung der Flüchtlinge, die nach dem Kriegsende in zunehmender Zahl im sowjetischen Besatzungsgebiet strandeten. „Wir hatten ja schon im Lauf des letzten Jahres einzelne Personen oder auch ganze Familien aufnehmen können, dazu kamen die Königsberger, Posener und Danziger Schwestern, deren Mutterhäuser zerstört waren. In diesem Sommer kamen noch die durchreisenden Flüchtlinge dazu, die meist ein unbeschreiblich jammervolles Bild boten. Wir hielten ständig Räume in einem eigens dafür hergerichteten Haus bereit, wo die armen Menschen wenigstens für eine Nacht – länger durften sie in Teltow nicht bleiben – Ruhe und eine warme Mahlzeit fanden."

Am 13. August 1945 zog das Heim Bethesda mit einhundertvierzig Personen im dem Gelände des Diakonissenhauses ein. Das Stift Bethesda – ein Heim für alte und gebrechliche Menschen, das man einst Siechenhaus nannte – war einmal Nachbar des Magdalenenstifts in Plötzensee gewesen. 1929 war Bethesda ebenfalls nach Teltow gezogen. Die sowjetische Besatzungsmacht wollte aus dem Haus Bethesda ein Lazarett machen, ließ aber nach zwei Wochen von der Idee wieder ab und die Bewohner und Pflegekräfte konnten zurückkehren.

Von den Schwestern in den Außenstationen hatte man wochen- und monatelang nichts gehört. Wie auch? Kommunikations- und Nachrichtenverbindungen waren zerstört oder unterbrochen. Umso größer war die Freude, als Mitte Juli 1945 Schwester Ida Brosius mit einer Gruppe von geistig behinderten Waisenkindern aus Züllichau in Teltow ankam. Schwestern und Kinder kamen in Berlin-Wittenau im Haus Wiesengrund unter, auch die Kindern und Schwestern aus der Oranienburger Außenstation, deren Haus kurz vor Kriegsende noch zerstört worden war, waren dort aufgenommen worden; sie zogen 1946 nach Berlin Wilhelmshagen auf den Ulmenhof um. Auch die Tochteranstalt Siloah in Pankow Niederschönhausen hatte ein wechselvolles Schicksal erlitten. Als Berlin immer schwerer bombardiert wurde, hatte man alle Insassen des Heims, mit Ausnahme einer kleinen Gruppe größerer Mädchen unter Leitung einer Schwester, aus Berlin heraus- und in Hammer bei Schwiebus untergebracht. Schwiebus lag circa achtzig Kilometer östlich der Oder, das 110-Seelen-Dörfchen Hammer zehn Kilometer südlich von Schwiebus. Kaum hatten sich alle dort eingelebt, mussten sie vor der heranrückenden Roten Armee, die Ende Januar 1945 bereits die Oder erreichte, erneut fliehen. Zurück nach Siloah. Die Schlacht um Berlin überstand Siloah mit verhältnismäßig geringen Schäden. Gerade dort konnte die Arbeit jetzt unter guten Voraussetzungen wieder aufgenommen werden.

Am 25. März 1946 trat das Kuratorium des Evangelischen Diakonissenhauses Berlin-Teltow wieder zusammen – zum ersten Mal nach dem Ende des Krieges und der nationalsozialistischen Herrschaft. Unter dem Vorsitz von Max Schultz waren hauptsächlich folgende Probleme zu klären: Zunächst musste die Zusammensetzung und die Rechtmäßigkeit des Kuratoriums festgestellt werden, was ohne Schwierigkeiten gelang. Sodann wurden die Bilanzen der Geschäftsjahre 1943/44 und 1944/45, die Erhard Schellhoss und Wilhelm Wosenitz aufgestellt hatten, geprüft und angenommen. Für 1943/44 stand eine Bilanzsumme von 2 109 419 RM in den Büchern, für das am 31. März 1945 endende Geschäftsjahr eine Bilanzsumme von 2 046 372 RM. Das Kuratorium entlastete Erhard Schellhoss und Wilhelm Wosenitz. Und schließlich versuchte sich das Kuratorium darin, die zurückliegende Zeit zu bewerten. Das Protokoll lässt erkennen, dass sich die Betrachtung fast ausschließlich auf die Zeit der „totalen Kriegführung" beschränkt und dass der kritische Blick vorm allem auf „die Führung" des nationalsozialistischen

Regimes gerichtet ist. Und man bittet, „dass Gott der Herr zur Wiederaufnahme und Fortsetzung unserer Arbeit seinen Segen geben und uns namentlich die nötigen Kräfte zur Verfügung stellen möchte!"

Diakonissenmutterhaus Bethanien, Kreuzburg

Ein Überangebot an helfenden Händen war eigentlich niemals ein Problem des Diakonissenhauses. In der Nachkriegszeit wussten die Diakonissen manchmal nicht, woher die „nötigen Kräfte" nehmen. Die „nötigen Kräfte" aber kamen. Aus unerwarteter Richtung und nicht auf geradem Weg.

Im Kreis Kreuzburg (heute Kluczbork) in Oberschlesien hatte die Gutsherrin Jenny von Tieschowitz um 1874 den Entschluss gefasst, in der Kleinstadt Pitschen (heute Byczyna) ein Haus zu errichten, in dem unter Leitung von Diakonissen Kranke aufgenommen und verwahrloste Kinder

Das Mutterhaus des evangelisch-lutherischen Diakonissen-Mutterhauses Bethanien in Kreuzburg O.S.

untergebracht werden konnten. Sie begründete den Bethanien-Verein, der mit Konzerten, Basaren und andere Veranstaltungen zum Besten des geplanten Hauses 5500 Mark einsammelte. Dem Superintendenten der Diözese Kreuzburg trug sie 1877 die Leitung des Vereins an. Superintendent Heinrich Kölling sah das Zentrum der diakonischen Arbeit aber in Kreuzburg; 1880 konnte dort dank weiterer Spenden ein Grundstück gekauft und ein Krankenhaus eingerichtet werden. Drei Diakonissen aus dem Mutterhaus Kraschnitz (heute Krośnice) übernahmen die Pflege. 1887 wurde das Krankenhaus für eine Kapazität von vierzig bis sechzig Betten erweitert. Auch der Personalbedarf stieg. Die drei Kraschnitzer Diakonissen konnten Mitte 1888 in ihr Mutterhaus zurückkehren. Zugleich nahmen die ersten sechs Kreuzburger Bethanischen Schwestern mit ihrer Oberin Maria Geisler den Dienst auf. Am 19. September 1888 wurde das erweiterte Krankenhaus feierlich eingeweiht und zugleich die erste Schwesterneinsegnung vollzogen. Das war die Geburtsstunde des Kreuzburger Diakonissenmutterhauses Bethanien.

Das Ende der evangelischen Mutterhausdiakonie in Oberschlesien kam im Januar 1945. Zwischen 12. und 14. Januar waren fünf sowjetische Fronten aus den Brückenköpfen an Weichsel und Narew zur Offensive angetreten, hatten die deutschen Linien auf fünfhundert Kilometer Breite durchbrochen und waren bis zum 18. Januar bereits einhundertfünfzig Kilometer weit nach Westen vorgedrungen. An diesem 18. Januar – einen Tag, bevor sowjetische Truppen Krakow befreiten und die ersten Verbände die alte deutsche Reichsgrenze erreichten – meldete sich der Vorsteher des Kreuzburger Mutterhauses, Pfarrer Friedrich Steinwachs (1892–1969), telefonisch bei seinem Amtsbruder Ernst Hornig, Pfarrer an der Breslauer St. Barbara-Kirche und zugleich führender Vertreter der Bekennenden Kirche in Schlesien: Man werde den Dienstort Kreuzburg noch am gleichen Tag verlassen. Weder Friedrich Steinwachs noch die Oberin Luise von Werdeck (1898–1982) noch eine der Schwestern

Pfarrer Friedrich Steinwachs

konnten wissen, dass sie ihren Dienstort, das evangelisch-lutherische Diakonissen-Mutterhaus Bethanien zu Kreuzburg O.S., niemals wiedersehen würden. Gleichwohl hatte man zwar den Ort verlassen, sich aber nicht vom Dienst abgemeldet; die Schwesternschaft des Mutterhauses blieb beisammen.

Die Flucht nahm abenteuerliche Wege – über Dresden nach Klingenberg im Osterzgebirge, dann nach Beiersdorf in der Oberlausitz, wieder zurück nach Klingenberg. Weiter nach Frauenstein – vorläufige Endstation. Am Tag der Kapitulation erreichte der Kreuzburger Tross Aue; dort zog man in das vorübergehend leere Krankenhaus ein. Im Juli ging es wieder zurück nach Klingenberg. Im Mai war Friedrich Steinwachs von der Verbandsoberin Auguste Mohrmann angeboten worden, im Mutterhaus Gallneukirchen zu helfen. Er fuhr mit zwölf Schwestern hin. Aber Gallneukirchen war nun Österreich; für die Deutschen war des Bleibens nicht lange. Durch Vermittlung von Paul Achenbach, Textilkaufmann und Geschäftsführer der Mission „Licht im Osten", der 1943 ordiniert worden war, konnte die Kreuzburger Schwesternschaft in Wernigerode ins Haus Gottesgabe einziehen. Immer mehr der durch die Kriegs- und Fluchtereignisse verstreuten Schwestern fanden sich nun wieder ein, arbeiteten im Erholungsheim „Kloster Drübeck", im Flüchtlingslager Ilsenburg, im Kinderheim Darlingerode und auch im Städtischen Krankenhaus Wernigerode. Dennoch musste man sich nach einer neuen, dauerhaften Bleibe umschauen. Der Blick fiel auf Teltow. Vorsteher und Oberin besuchten am 10. März 1948 den Schwesterntag in Teltow. Verhandlungen wurden aufgenommen. Das Ergebnis: Beide Häuser würden sich vereinigen. Am 23. Mai 1948 feierte die Kreuzburger Gemeinschaft ihren letzten Schwesterntag in Wernigerode. Am 15. Juni übersiedelte sie nach Teltow.

Unter dem Vorsitz von Max Schultz beschloss das Kuratorium des Evangelischen Diakonissenhauses Berlin-Teltow am 24. September, „dass das Diakonissenhaus in Teltow die Kreuzburger Schwesternschaft zu gleichen Rechten und Pflichten mit den eigenen Schwestern bei sich aufnimmt".

Sr. Gustl Eger und Alfred Fritz

Die vereinigten Schwesternschaften der Häuser Teltow (Kaiserswerther Haube) und Kreuzburg (Bethanische Haube) im Jahr 1948

Anwesend waren auch Oberin Luise von Werdeck und Vorsteher Friedrich Steinwachs aus dem Kreuzburger Mutterhaus. Auch die Wahrnehmung der Leitungsaufgaben war in den Verhandlungen geregelt worden. Anna von Noël ging nach neunundzwanzig Jahren als Teltower Oberin in den verdienten Feierabend. Luise von Werdeck wurde zur neuen Oberin der vereinigten Schwesternschaft bestimmt. Und Friedrich Steinwachs besetzte nun endlich wieder die zweite Pfarrstelle, die seit dem Tod von Max Wießner und dem Aufrücken von Alfred Fritz in das Amt des Vorstehers vakant gewesen war. Alle anderen Fragen wie die Zusammenführung der Vermögen und des Immobilienbesitzes in Kreuzburg blieben zunächst unberührt, sollten den gemeinsamen Dienst der Schwestern nicht belasten.

Einhundertneunundsechzig Diakonissen konnten, wollten jetzt tätig werden. Das Hilfskrankenhaus war zu einem Haus der Allgemeinversorgung geworden. Die Ärztinnen Dr. Hanna Schreyer (1894–1968) und nach ihr Dr. Maria Beck (1909–?) hatten für dreiundachtzig Betten eine gute medizinische und pflegerische Versorgung organisiert. Eine Zeitlang verstand sich übrigens die vereinigte Schwesternschaft als ansässig im „Evangelischen Diakonissenhaus Teltow Kreuzburg" – auch auf Briefköpfen fand sich diese Bezeichnung, ohne dass sprechende Satzungsänderung angestrengt worden wäre. „Vielleicht hat dieser Name auch mancher Schwester geholfen, über Verlust und Veränderung hinweg sich in die Umstände des neuen Dienstes hineinzufinden."[56] Den sozialistischen Behörden der gerade entstehenden DDR war es ohnehin egal, wie sich das Haus, das sie nicht mochten, nannte.

Aufbruch oder Absturz?

Die Hoffnungszeichen für einen neuen Aufschwung, die es nach der Vereinigung der Teltower und Kreuzburger Schwesternschaften gegeben hatte, verblassten schnell. Teltow lag in der „Zone", der Sowjetischen Besatzungszone, aus der am 7. Oktober 1949 die DDR wurde. In Sichtweite, eigentlich schon fast vor der Tür des Mutterhauses verlief der Teltowkanal, der in diesem Bereich Grenze wurde; die DDR betrachtete diese Grenze als Staatsgrenze – ein Anspruch, der ihr von den westlichen Siegermächten zumindest bis zum Vierseitigen Abkommen über Berlin bestritten wurde. Am anderen Ufer des Kanals war Berlin – und zwar der amerikanische Sektor. Schon während der Berlin-Blockade der Sowjets vom 24. Juni 1948 bis 12. Mai 1949 hatte sich gezeigt, dass die sowjetische Führung willens und in der Lage war, den Westteil Berlins weitgehend abzuriegeln. Die DDR-Regierung würde ihren Lehrmeistern später in nichts nachstehen. Unmöglich geworden waren Ausbildung und Qualifizierung der Diakonissen in dem Teil Berlins, für den Teltow geradezu ein Vorort war (immerhin fuhr die Berliner Straßenbahn Linie 96 von Tempelhof über Teltow weiter nach Stahnsdorf und Kleinmachnow; nachdem ein

Schaffner der BVG West im Oktober 1950 von der DDR verhaftet worden war, zog die West BVG die Linie 96 bis an die Stadtgrenze zurück. Auf der DDR-Seite verkehrte die Straßenbahn 96 noch bis 1961 im Inselbetrieb). Neue Grenzübergangsbestimmungen der DDR machten es den Kuratoriumsmitgliedern immer schwerer, unbehelligt zu den Kuratoriumssitzungen in Teltow zu kommen. So schieden so verdienstvolle Mitglieder wie Wilhelm Wosenitz, Dr. Christoph Johann Kracker von Schwarzenfeldt, Walter Richter-Reichhelm und Erhard Schellhoss aus dem Kuratorium aus. Als Nachfolger von Max Schultz wurde Kurt Grünbaum (1892–1982) Vorsitzender des Kuratoriums; er blieb es bis 1972.

Blick vom Mutterhaus auf die Mauer – das Sperrgebiet begann direkt hinter der Wartehalle

Als am 13. August 1961 der Westteil Berlins komplett abgeriegelt und nachfolgend Sperranlagen errichtet wurden, die eine Flucht aus dem Ostteil der Stadt und aus der DDR nach dem Westen unmöglich machen sollten, verschärfte sich die

Situation für eine normale Arbeit des Diakonissenhauses. „Die im Zuge des Ausbaus der Grenzanlagen installierten Beleuchtungs- und Scheinwerferanlagen ließen besonders das Mutterhaus an der Philipp-Müller-Allee und die Schwestern, denen es Zuhause war, nie im Unklaren darüber, wo sie lebten – an der Grenze."[57] In einem öffentlichen Forum hatte die Oberin Luise von Werdeck 1965 beklagt, dass nachts, wenn die Patienten und die Schwestern schlafen wollten, die Hunde unaufhörlich bellten.

Einschneidender als diese administrativen Misshelligkeiten wirkte die grundsätzliche politische Orientierung der DDR. Sie war in den Fünfzigerjahren ausgesprochen kirchenfeindlich. Die Arbeit in der Fürsorgeerziehung, die vor 1945 das Profil des Diakonissenhauses bestimmt hatte, entsprach nach den Vorstellungen der vorgeblich marxistischen Bildungspolitiker nicht einer „Erziehung zu sozialistischen Persönlichkeiten". Die Erziehung in der DDR hatte in staatlicher Hand zu liegen. Staatliche Stellen hielten – und ließen das bei Verhandlungen durchblicken – eine Institution wie das Evangelische Diakonissenhaus nach den Grundsätzen eines sozialistischen Staates für entbehrlich. Nur aus pragmatisch-politischen Gründen könne man sie fortbestehen lassen. Und die Evangelische Kirche konnte in der frühen Geschichte der DDR beobachten, wie es zum Beispiel Landwirten, Handwerkern und Gewerbetreibenden, Inhabern von Privat- und Familienunternehmen erging, wenn die „pragmatisch-politischen Gründe" aus Sicht des Staates wegfielen. Es schien also geboten, sich neu zu orientieren, nach Arbeitsfeldern zu suchen, auf denen man unbehelligt von staatlichen Restriktionen arbeiten konnte. Es mag fast zynisch klingen, aber das Evangelische Diakonissenhaus nahm sich der Menschen an, an denen der Staat bei der „Herausbildung sozialistischer Persönlichkeiten" kein Interesse hatte, weil er sie für nicht bildungsfähig hielt. Ein solches Arbeitsfeld war die Arbeit mit geistig behinderten Menschen, Jugendlichen ebenso wie Erwachsenen.

Ein neues Ausbildungsfeld begann mit der Ausbildung zur Wirtschaftsdiakonin. Mädchen und junge Frauen sollten befähigt werden, den hauswirtschaftlichen Betrieb oder auch wenigstens die Küche eines diakonischen Hauses bzw. einer anderen kirchlichen Einrichtung selbstständig zu führen.

Lehrküche Teltow

Und schließlich wurde der Ausbildungsgang Fürsorgeerziehung – hier war kirchliches Engagement von der DDR-Führung nicht gewünscht – zur Heilerziehungspflege umgeformt. Das geschah in kleinen Schritten, aber 1964 konnte ein entsprechender Ausbildungsgang eingerichtet werden. „Assistenz, Beratung, Begleitung, Pflege und Bildung von Menschen mit physischen, psychischen und kognitiven Beeinträchtigungen", wie man es heute nennt, wurden damit von Seiten der Ausbildung auf ein professionelles Niveau gehoben, für das es ein staatliches Pendant seinerzeit nicht gab.

Zwischen Isolation und Improvisation

Die Nähe zur Grenze führte auch immer wieder zu unerwarteten, teilweise grotesken Verwicklungen. „Wie gespannt und ängstlich staatlich Organe oft auf harmlose Ereignisse reagierten, zeigt ein Vorkommnis, als 1964 erstmalig ein Aufbaulager der ‚Aktion Sühnezeichen' im Diakonissenhaus junge Leute aus verschiedenen europäischen Ländern vereinigte. Ihr Ziel war, wie schon der Name sagt, versöhnende Wiedergutmachung zwischen den Völkern zu leisten. Sie räumten dabei die letzte Ruine im Diakonissenhaus, das ehemalige Erzieherinnenseminar, hinweg. Am Tag ihrer Ankunft wollten sich die jungen Leute im Ort umsehen. Ein Deutscher, von Beruf Tischler und Wehrdienstverweigerer, und ein Franzose, die sich nur durch Gesten verständigen konnten, gingen an der Badstraße noch vor den Grenzschildern in eine Position, wo der Deutsche dem Franzosen etwa die Situation herüber nach Westberlin am 13. August 1961 erklären konnte. Dabei malte er auf die Erde und zeigte auch dann wieder nach drüben. Das wurde von einem Grenzturm her beobachtet, der Verdacht einer Flucht trat sofort auf. Beide jungen Leute wurden festgenommen und nach Kleinmachnow zum Standort der Grenztruppen gefahren, wo sie stundenlang ohne Erfolg verhört wurden, auch dabei zum Teil unter grotesken Umständen, weil beide wieder die Grenzsoldaten über Sinn und Ziel von Sühnezeichen, d. h. das Ziel der Versöhnung aufklären konnten, als mal der Offizier sie nicht verhörte. Schließlich schickte man von dort einen schwerbewaffneten Grenzsoldaten zu uns ins Haus mit dem Bescheid, dass wir die beiden abholen sollten. Das taten wir jedoch nicht mit der Begründung, dass wohl die Grenztruppen für den freien Weg beider verantwortlich sind. So kamen sie lachend zurück, wonach uns der

Franzose durch Dolmetschen sagte, dass seine Großmutter ihn eigentlich gar nicht hätte nach Ostdeutschland fahren lassen wollen, da er ja doch gleich verhaftet würde. Und das geschah nun auch so! Aber die Franzosen, eine größere Gruppe, ließen sich dadurch nicht weiter beeinflussen, auch nicht, als einige Tage später noch einmal eine Fastfestnahme auf der Straße vor dem Haus durch einen übereifrigen Abschnittsbevollmächtigten erfolgte, nur weil der Franzose sich bei der Verabschiedung eines abfahrenden Teilnehmers aus Spaß quer über die leere Straße gelegt hat. Mit lauter Stimme wurde Ordnung eingefordert durch den Ordnungshüter. Und dieser Franzose hatte seinen Vater in einem deutschen KZ verloren! Was müssen diese jungen Ausländer für einen Eindruck von unserem Staat bekommen haben?"[58]

„Aktion Sühnezeichen" im Diakonissenhaus – 1964

Kirche und Staat

Während der Zeit, in der die DDR bestand, wurde einerseits eine rigide Verdrängungspolitik von Kirche und Religion aus dem öffentlichen Leben betrieben und die Marginalisierung kirchlicher Einrichtungen befördert, andererseits aber auch mit dem elastischeren Konzept von „Kirche im Sozialismus" eine Funktionalisierung angestrebt und versucht, kirchliches, namentlich diakonisches Engagement sozialpolitisch zu integrieren. Der Staat DDR, der sich ständig von Feinden des Sozialismus bedroht und unterwandert fühlte, unternahm seinerseits alles, um die Kirche und ihre Einrichtungen zu unterwandern.

Nach dem Mauerbau am 13. August 1961 wurden die Sitten rauer. Das merkten die Schwestern anlässlich der Kommunalwahlen am 17. September 1961. Dass die meisten Diakonissen nicht die Absicht hatten, sich an der „Wahl" zu beteiligen, erst recht nicht fünf Wochen nach der totalen Abriegelung des Westteils von Berlin, wurmte offenbar die Funktionäre so sehr, dass sie die Polizei losschickte, die in das Haus eindrang und die verschreckten Diakonissen mit der „grünen Minna" zum Wahllokal bringen wollte. Die Oberin Luise von Werdeck erklärte zwei Jahre später dem Referenten für Kirchenfragen, „dass die Diakonissen das nicht überwinden können, noch viel weniger vergessen."

Als in der Nachfolge von Friedrich Steinwachs (1892–1969), der 1959 Alfred Fritz als Vorsteher des Diakonissenhauses gefolgt war, am 1. Oktober 1963 Pfarrer Ulrich Scheel (1927–2005) seinen Dienst als Vorsteher antrat, übernahm ein Mann dieses Amt, der sich die sprichwörtliche Butter nicht vom Brot nehmen ließ – und das fast drei Jahrzehnte lang. Ulrich Scheel war Mitglied der Michaelsbruderschaft, der auch der langjährige Vorsteher Alfred Fritz angehörte. Seinen Erinnerungen, Veröffentlichungen, persönlichen Aufzeichnungen, Briefen und Archivrecherchen sind sehr viele Detailinformationen zu verdanken, die wir heute vom alltäglichen Leben im Evangelischen Diakonissenhaus Teltow haben.

Dass man in einer so langen Amtszeit nicht nur Freunde gewinnt, ist nicht verwunderlich; selbst in den eigenen Reihen galten manche seiner Entscheidungen als „robust".

Ulrich Scheel, Luise von Werdeck, Kurt Grünbaum

Das bekamen auch bald die Behörden, die mit den Kirchen und ihren Einrichtungen zu tun hatten, deutlich zu spüren. Sie schrieben Einschätzungen über ihn, die – hätte er sie zum damaligen Zeitpunkt gekannt – ihn in der Beurteilung der politischen Lage und in seinen grundsätzlichen Entscheidungen bestimmt noch gestärkt hätten. Am 18. Mai 1965 wurde im Diakonissenhaus Teltow ein Forum zum Thema „Was ist Menschlichkeit?" durchgeführt. In einer behördlichen Einschätzung, die sich im Archiv des Landkreises Potsdam Mittelmark fand (verfasst 1972 von einem früheren Referenten für Kirchenfragen im Kreis Potsdam Land), liest man in miserabelstem Deutsch: „Am Forum nahmen teil, Pfarrer Scheel, Leiter des Diakonissenhauses, Frau Oberin von Werdeck, beide verstanden noch nicht, warum der Schutzwall um Westberlin, dass es zwei deutsche Staaten gibt und dass

Kirche und Staat 151

die DDR ihre eigene Verfassung hat." Pfarrer Ulrich Scheel wusste nur zu gut, warum es den „Schutzwall um Westberlin" gab. Er zitierte Martin Niemöller, erwähnte einen Artikel der Liga für Menschenrechte. „Sinngemäß: jeder Mensch kann jederzeit seinen Aufenthaltsort wählen. Er stellte die Fragen der freien Reisen nach Westdeutschland." Der verärgerte Behördenvertreter wusste natürlich genau, warum Pfarrer Scheel so eine „feindlich negative" Position bezog. Im Grunde war er, in den Augen der DDR-Behörden, ein westdeutscher Agent! „Pfarrer Scheel war in Bad Boll, Kreis Dübungen (diese Stadt gibt es nicht, Bad Boll liegt im Kreis Göppingen. Red.) in Westdeutschland ausgebildet worden. Kam zuerst in eine kleine Gemeinde in der DDR und dann nach Teltow. Die Kaderpolitik des Konsistoriums Berlin war damals so, dass Pfarrer von der Akademie Bad Boll in kleine Gemeinden der DDR eingeschleust wurden, da 2–3 Jahre blieben und dann in Schwerpunktgemeinden versetzt wurden."

Schon im Dezember 1963 hatte Ulrich Scheel, gerade zwei Monate im Amt, dem Referat Kirchenfragen mit aller Deutlichkeit vorgehalten, „dass sein Vertrauen in unseren Staat nicht gestärkt werden kann, wenn man seine Vorstellungen von diesem Staat dabei nicht berücksichtigt. Er könne nicht anders und er könne sich auch nicht tarnen. Er hat eben über Demokratie andere Vorstellungen als wir." So sagt es die Protokollnotiz, die der Referent für Kirchenangelegenheiten anlegt.

Vor dem Volksentscheid über die neue Verfassung in der DDR am 6. April 1968 wurden die Behörden besonders unruhig, vermuteten sie doch besonders in der evangelischen Kirche Widerspruch und Beeinflussung der Gläubigen im „feindlich-negativen" Sinne. Der Rat des Kreises installierte ein „Betreuungssystem". Entsprechend diesem System „haben ein Teil der eingesetzten Genossen und Kollegen mit ihrer Aufgabe begonnen und haben bereits Aussprachen mit Pfarrern durchgeführt." Auch auf Pfarrer Scheel sowie auf Pfarrer Steinwachs, der zwar im Ruhestand, aber noch berufenes Kuratoriumsmitglied war, wurden zwei Genossen angesetzt. Was der Inhalt dieser „Gespräche", war, ist nicht überliefert. Allerdings melden vier der im „Betreuungssystem" eingeteilten Genossen selber Zweifel an; gegenüber dem Referenten für Kirchenfragen äußerten sie, „dass sie nicht wüssten, was sie mit den Pfarrern sprechen sollten. Sollte das die Meinung der Mitarbeiter sein, so ist es unverständlich, dass sie aufgrund der Situation, gerade der Beeinflussung durch den Klassengegner, mit solchen Argumenten aufwarten." Es gab also auch im Rat des Kreises noch Menschen, die sich von der Klassenkampf-Hysterie nicht anstecken ließen.

Ulrich Scheel jedenfalls notiert: „Überhaupt war diese ganze Verfassungssache in der Eiligkeit, mit der nun alles abgewickelt wurde, eine sonderbare Angelegenheit. Bei uns ging es aber sehr ruhig zu."

Die großen Herausforderungen

Nach dem Zweiten Weltkrieg stand das Evangelische Diakonissenhaus Berlin Teltow vor großen Herausforderungen.

Die erste Herausforderung bestand in der Wiederherstellung, dem Erhalt und dem Ausbau der Gebäude, Einrichtungen und Anlagen. Denn das diakonische Wirken ließ sich nicht nur mit dem Glauben verwirklichen, sondern brauchte auch, was die Marxisten eine „materielle Basis" genannt hätten.

Die andere Herausforderung lag in der Neuorientierung der diakonischen Arbeit, namentlich auf solche Tätigkeitsfelder, in denen der Staat kein Monopol beansprucht – neben der Kranken- und Altenpflege war das insbesondere die Arbeit mit geistig behinderten Menschen.

Eine dritte Herausforderung lag in einer besonderen Form der Seelsorge, insbesondere im Krankenhaus. Krankenhausseelsorge und Gottesdienst waren im Diakonissenhaus eng verbunden.

Einer weiteren Herausforderung hatten sich Oberin und Vorsteher zu stellen: der Fortführung der kirchlich-diakonischen Ausbildung, wie sie im Jahr 1911 mit der Einrichtung des Frauenseminars für Erziehungsarbeit und Jugendpflege begonnen hatte.

Und schließlich – und nicht zuletzt – stand die Sorge um den Erhalt und die Weiterentwicklung der Schwesternschaft, die angesichts der stetigen Abnahme der Zahl der aktiven Diakonissen nach neuen Lösungen verlangte.

Über allem aber schwebte das Grundübel des „real existierenden Sozialismus": der Mangel. Der Mangel an Gütern, an Kapazitäten, an Material, der Mangel an qualifizierten Arbeitskräften, an Handwerkern, aber auch an freier Entfaltung von Ideen, der Mangel an Freiheit und der Mangel an Hoffnung. Je länger die DDR bestand, desto erfolgloser wurde sie und je mehr die Hoffnung auf Veränderungen innerhalb des bestehenden Systems schwand, desto mehr versank die Gesellschaft als Ganzes in Lethargie.

Wiederaufbau, Werterhaltung, Erweiterung

Die Spuren des Krieges waren auch Anfang der Sechzigerjahre noch deutlich zu erkennen. Möglicherweise hat der angeschlagene Zustand der Gebäude in den Fünfzigerjahren verhindert, dass staatliche Stellen ihre Blicke allzu begehrlich auf das Grundstück an der Philipp-Müller-Allee (wie die Lichterfelder Straße jetzt hieß) richteten. Doch nun war der Sanierungsstau so groß, dass gehandelt werden musste. Das Mutterhaus konnte so ausgebaut werden, dass Unterrichts- und Arbeitsräume ebenso wie neue Wohnräume für die Diakonissen geschaffen werden konnten. Das Haus Zoar wurde erweitert und zur Kinderbetreuung besser eingerichtet. Für die Wirtschaftsdiakonie-Ausbildung erweiterte man die Lehrküche. Das gelang so gut, dass man 1966 eine Tagung mit Generalsuperintendent Schmitt und achtzehn Pastoren veranstalten konnte; das Diakonissenhaus präsentierte seine Arbeit. Das Abendessen, bereitet von der Lehrküche des Wirtschaftskursus mit sechzehn verschiedenen Gerichten, imponierte den Gästen sehr und die Pastoren fuhren schließlich „hoch befriedigt ab".

Aufräumarbeiten nach dem großen Scheunenbrand

Rückschläge entmutigten nicht, sondern zwangen zur Orientierung auf neue Projekte. Am 2. September 1966 brannte die große Scheune ab, bis zum Dach gefüllt mit der Ernte. Alles Vieh konnte gerettet werden, auch Menschen kamen nicht zu Schaden, aber vom gedroschenen Korn ging der größte Teil verloren. Der materielle Schaden war mit 78 000 Mark schon hoch, als schwieriger noch stellte sich aber heraus, dass man Futtergetreide und Stroh nicht einfach irgendwo kaufen konnte. Darum beschloss man schließlich, die Landwirtschaft aufzugeben. Am 29. Oktober „war zum letzten Mal die Feldgruppe unserer Mädels draußen auf dem Feld, um die letzten Früchte einzuholen." Der Acker wurde an die LPG verpachtet die Rinder und Pferde wurden nach und nach ebenfalls abgegeben, nur Hühner und ein paar Schweine bleiben. Nach dem Unglück erfuhr das Diakonissenhaus sehr viel Unterstützung: Geld, Material und vor allem helfende Hände waren zur Stelle. Die Ställe wurden in der Folge zu Werkstätten umgebaut. Für die Scheune gab es Wiederaufbaupläne als Kirche mit Gemeindezentrum und Tischtennisraum im Keller. Schließlich wurde das technische Büro dort eingerichtet und für die Handwerker wurden Frühstücks- und Umkleideräume sowie sanitäre Anlagen geschaffen.

Ausbau Mutterhaus

Der Ausbau des Mutterhauses kam 1966/67 ebenfalls voran. Mal schneller, mal weniger schnell, mal gar nicht. Immer fehlte irgendetwas oder war plötzlich in Überfülle da. Ziegel fehlten. „Die Hälfte ihrer Arbeitszeit stehen die Maurer rum oder trinken." Auf einmal kamen Steine und das Diakonissenhaus bekam sogar welche geschenkt. Dann ging es flott, der neue Dachstuhl wurde aufgesetzt und auch das Dach zügig eingedeckt. Dann wiederum ruhte still der See. Am 4. März 1967 „warten die Maurer auf Mörtel, der nicht zu kriegen ist". Am 22. März „sind die Maurer wieder tüchtig am Werke"; offenbar war der Mörtel jetzt da. Im Juni feierte man Richtfest, aber noch im August fehlten Fliesen und Maler. Endlich, im Dezember 1967, war das Mutterhaus fertig und das letzte Zimmer wurde bezogen. Im Mutterhaus musste noch Ofenheizung eingebaut werden, weil es nicht gelang, eine passende Heizungsanlage zu beschaffen. Rückschritt im Fortschritt. Freud und Leid beim Bauen in der DDR – nicht nur das Evangelische Diakonissenhaus durfte solche emotionalen Wechselbäder erleben.

Ende 1967 wurde der Aufbau eines ersten Fertighauses mit acht Zimmern genehmigt. Doch auch dieser Bau schritt nur langsam voran. In der Adventszeit 1968 notiert Christel Scheel, selbst Theologin und Ehefrau des Vorstehers: „Frau Oberin zieht voraussichtlich in das Fertighaus, das bisher seinem Namen noch keine Ehre macht." Dennoch empfanden es alle als große Entlastung, dass dieses Haus mit allem Komfort der damaligen Zeit für acht alte Schwestern entstehen konnte. Im Frühjahr 1969 war das Fertighaus dann tatsächlich fertig. Es bekam den Namen „Bethanien" und erinnerte damit an das ehemalige Kreuzburger Mutterhaus. Gleichzeitig konnte man endlich beginnen, im Mutterhaus eine Heizungsanlage einzubauen. Über ein Heizhaus für den Gesamtkomplex des Diakonissenhauses wurde seit 1969 verhandelt. Eine Siemens-Telefonanlage, die eine westdeutsche Gemeinde dem Diakonissenhaus schenken wollte, war seit 1970 im Gespräch. Sie blieb noch lange Zeit nur im Gespräch, anstatt Gespräche zu vermitteln, sie kam Ende August 1972 in Teltow an, nachdem alle Genehmigungsverfahren abgeschlossen waren. Aber erst Mitte Dezember 1972 war sie dann tatsächlich installiert.

Manche Verbesserung ließ sich nur erreichen, weil Gemeinden in Westdeutschland mit Spenden und Zuwendungen halfen. Manchmal waren es ganze Fertighäuser, die aus dem Westen geliefert und auf dem Teltower Gelände aufgebaut wurden; manchmal waren es scheinbare Kleinigkeiten, die wie ein Goldschatz behütet wurden. „Besonders danke ich euch für die Formstücke, die fast richtig sind. Denn ¼ Zoll wird kaum gebraucht, das war aber meine Unkenntnis", schreibt Ulrich Scheel 1970 in einem Brief an seine Eltern. „Dafür brauchen wir noch Kniestücke mit Innen- und Außengewinde ½ Zoll, ein paar T-Stücke für ½ Zoll und besonders auch Formstücke in kleiner Zahl für ¾ Zoll", schrieb Ulrich Scheel in einem Brief. Und seine Frau ergänzte später: „Über die T-Stücke ist Ulle (d. i. Ulrich Scheel) sehr glücklich; er hat sie in seinen Schreibtisch geschlossen und rückt sie nur einzeln heraus." Er wusste, warum.

Manchmal kam Hilfe tatsächlich – buchstäblich – vom Himmel. „So jedenfalls, als das neu erbaute, im ganzen Gelände unübersehbare Fernheizungs- und Warmwassersystem samt Heizhaus im August 1972 auf seine Inbetriebnahme wartet. Bei der technischen Überprüfung stellt der Prüfingenieur fest, dass der Druckkessel nicht der Norm entspreche, er aber das neue Normblatt noch nicht kenne. Als das Normblatt, eine Abschrift einer DIN-Norm aus der Bundesrepublik Deutschland, zur Hand, wird festgestellt: Einen so normierten Kessel gibt es nicht in der Deutschen Demokratischen Republik. Die technische Lösung – der Druckbehälter wird Ausgleichsbehälter auf einem zwanzig Meter hohen Gerüst der Trägerkonstruktion. Doch wie das Gefäß auf die Trägerkonstruktion heben und wie diese vorher aufrichten? Die Konstruktion wird gefertigt, ohne dass die wesentliche Frage beantwortet ist. In der Zeit erfährt ein Patient im Krankenhaus von der Sache. Er ist als Hubschrauberpilot bei der Interflug, der staatlichen Fluggesellschaft der Deutschen Demokratischen Republik, im nahen Schönefeld stationiert. Er fragt im Unternehmen nach. Eine Genehmigung wird erteilt. Am 9. September 1973 richtet ein Hubschrauber der Interflug Stahlturmkonstruktion und Druckausgleichsbehälter auf."[59] Es dürfte – einen Windstoß von der Grenze zu Berlin-West entfernt, einer der bestbewachten Hubschraubereinsätze der Interflug gewesen sein.

Interflug-Einsatz an der Staatsgrenze

Neue Orientierung

In der DDR beanspruchte der Staat das Bildungsmonopol. Konfessionelle Schulen gab es nicht mehr. Einrichtungen der Jugendhilfe und Fürsorge, wie in der Tradition des Magdalenenstifts, waren nur mehr staatlich organisiert. Selbst Kindergärten – sie unterstanden in der DDR dem Volksbildungsministerium – durften seit 1952 nicht mehr neu gegründet werden. In der „Verordnung über die Einrichtungen der vorschulischen Erziehung und der Horte" vom 18. September 1952 hieß es eindeutig: „Die Errichtung von Kindergärten, Kinderwochenheimen und Horten durch private Personen ist unzulässig." Die Verordnung richtete sich natürlich nicht gegen irgendwelche Privatpersonen, sondern gegen die Kirchen und ihre Einrichtungen. Insgesamt existierten 1952 in der DDR 417 kirchlich geführte Kindergärten, 275 evangelische und 142 katholische, deren Zahl sich bis 1989 kaum veränderte. Ihnen standen 1986 13 500 staatliche Kindergärten gegenüber. Als einzige konfessionelle Schule überlebte – unter dem Schutz der noch vom Alliierten Kontrollrat ausgestellten Genehmigung – die katholische Theresienschule in Berlin-Weißensee.

An einer Erziehungs- und Bildungsaufgabe zeigte sich die DDR weniger interessiert: der Arbeit mit geistig behinderten Menschen. Sofern sie nicht im staatlichen Sonderschulsystem erfasst wurden, galten sie von einem bestimmten Grad der Behinderung an als „nicht bildungsfähig" und sollten nur noch medizinisch betreut und ansonsten verwahrt werden. Das Evangelische Diakonissenhaus war nicht gewillt, sich auf eine Funktion als Verwahranstalt zu beschränken. Ulrich Scheel schreibt dazu in seinen Erinnerungen „30 Jahre Erlebtes in Teltow": „Wir hatten … erkannt, dass zunächst für die Kinder der Morgensonne eine gezielte Tagesförderung außerhalb des Heimes nötig war. Dazu brauchten wir Räume, eine ‚Tagesstätte', wie wir es nannten. Nachdem am 2. September 1966 die Scheune auf unserem Landwirtschaftshof, dem Sonnenhof, durch Brandstiftung eines Pfleglings abgebrannt war, was uns dann zur Aufgabe der Landwirtschaft veranlasste, bot sich die Ruine zum Aufbau für eine andere Zweckbestimmung an. Verschiedene Bedarfsvarianten standen vor uns, auch ein Gemeindezentrum, da wir für kirchliche Zwecke bis hin in die Gruppenarbeit keine genügenden Räume hatten. Aber als noch dringlicher erwies sich in den Gesprächen hin und her die Gewinnung von Räumen für die Tagesförderung der im Diakonissenhaus untergebrachten geistig behinderten Kinder und Jugendlichen. Daher hatte ich Anfang 1967 in Vorbereitung dieses Vorhabens mit dem Bürgermeister von Teltow ein Gespräch. Diesem war unser Vorhaben ganz fremd, die Behinderten hätten doch ihr Heim, was genügen müsste. Weiter sprach ich auch von Kindern und Jugendlichen mit geistiger Behinderung aus der Stadt Teltow und Umgebung, die nach der Verfassung der DDR doch auch ein Recht auf Bildung hätten. Der Gedanke war dem Bürgermeister noch fremder, man könne doch mit geistig Behinderten keinen Unterricht veranstalten. Und nach dem Sprachgebrauch der Volksbildung und der staatlichen Organe allgemein waren sie ja auch als ‚bildungsunfähig' einzustufen. Ich machte ihm unsere damals schon ganz andere Erfahrung deutlich. Aber darauf kam dann die für mich noch heute erschreckende Auskunft des Bürgermeisters: Für den einen geistig Behinderten in Teltow brauchte man doch nicht so eine Einrichtung! Damit war das Projekt gestorben. Aber es blieb die erschreckende ‚Uneinsichtigkeit' im wahrsten Sinne dieses Wortes bei den in Stadt und Land Verantwortlichen für die geistig Behinderten als die mir widerfahrene Einsicht zurück. Da waren diese Menschen einfach nicht vorhanden, sie mussten erst in das Licht der Öffentlichkeit gebracht werden. Das war eine langwierige, aber sehr notwendige Aufgabe."[60]

Das Diakonissenhaus veranstaltete Seminare für die Eltern betroffener Kinder und Jugendlicher. Klärte auf, informierte, zum Beispiel über die Erfahrungen, die man in Ländern wie Dänemark und den Niederlanden in der Arbeit mit geistig Behinderten gesammelt hatte. Schließlich drängten die Eltern selbst auf eine gezielte Förderung mit dem Ziel der Bildung ihrer Kinder und Jugendlichen. Zuletzt sprach die Kreisärztin – alles das geschah unter der Ägide des Gesundheits- und Sozialwesens, nicht der Volksbildung – am 6. Dezember 1972 die Bitte um Beauftragung zur Förderarbeit im Diakonissenhaus aus und sicherte auch die nötigen Finanzmittel zu.

Am 12. Oktober 1973 konnte die Förderwerkstatt in der ehemaligen Scheune eröffnet werden. Am 19. Oktober 1973 wurde auch die Tagesstätte eröffnet, die kein regulärer Kindergarten sein durfte, obwohl er bereits als Anbau zum Heizhaus offiziell bilanziert worden war und eine Kindertagesstätte mit Vorschulbereich für die Kinder der Mitarbeiterinnen und Mitarbeiter werden sollte – das Projekt fiele dann aber nicht mehr in die Zuständigkeit von „Gesundheit und Sozialwesen", also wurde daraus eine Tagesstätte für Kinder mit geistiger Behinderung. Aus diesem Projekt ging später die heutige „Hans-Christian-Andersen-Schule" auf dem Stammgelände des Diakonissenhauses hervor.

Gottesdienst und Seelsorge

„Dem Gottesdienst oder der Andacht auf den Stationen folgten die Besuche in den Krankenzimmern. Dieser Dienst war insbesondere dem Vorsteher wichtig. Sie bedeuteten für ihn einen Beitrag zur Heilung der ‚Mauerkrankheit', wie Ulrich Scheel selbst es nannte, wenn durch die Grenzsituation in innere und äußere Not geratene Menschen, Diabetes- und Herzerkrankte zumeist, die Möglichkeit wahrnahmen, offen über ihre Bedrängnisse zu reden. Ein Seelsorger hatte sich auch nicht davon beeindrucken zu lassen oder gar auf solche Behandlung der ‚Mauerkrankheit' zu verzichten, wenn über das Politbüro und den Stellvertretenden Vorsitzenden für Inneres der Generalsuperintendent in Potsdam eingeschaltet wird und dieser seiner Erwartung Ausdruck gibt, dass der Seelsorger hinsichtlich solcher Seelsorge seinen Sprachgebrauch überprüfen sollte. Der Seelsorger selbst aber hielt dagegen, dass gerade das deutliche Aussprechen der anstehenden Beschwernisse in die Begegnung mit dem Patienten und dessen Gesundungsprozess mit einbezogen werden müsse."[61]

Als bleibenden Auftrag sah es Ulrich Scheel stets, für jeden Menschen offen zu sein. „Wir haben ja auch manchmal gerade von Patienten gehört, dass sie sich hier rein atmosphärisch besser fühlen. Daher kam eben auch mancher auf das Diakonissenhaus mit der Erwartung zu, dass ihm hier Lebenshilfe gegeben werden könne. Ich denke dabei auch an einige Grenzsoldaten, die spätabends noch Licht im Pfarrhaus sahen, wo ich noch am Schreibtisch zu erkennen war von der Straße her. Sie klingelten dann und suchten noch ein Gespräch, wenn es etwa auf die Ablegung des Fahneneids zuging oder sie andere Fragen hatten, die sie bedrängten. Einer hing sogar schon mal des Nachts an dem Gitter des Fensters fest, von wo ich ihn dann noch befreien musste. Ich dachte erst an einen Scherz, aber er wollte erst die Situation erkunden, da er auch wieder unsicher war im Blick auf meine Person. Es wurde eins der ausführlichsten Gespräche."[62]

Die diakonische Ausbildung

Nach dem Bau der Mauer wurde es für die diakonischen Einrichtungen der DDR unmöglich, Ausbildungseinrichtungen in der Bundesrepublik oder in Berlin-West zu nutzen. Den Betrieb konfessioneller Fachschulen wollte die DDR nicht zulassen. Auf das Potenzial der konfessionellen Krankenhäuser und Pflegeanstalten konnte man aber auch nicht verzichten, sie machten acht bis zehn Prozent der Gesamtbettenzahl aus und – was noch wichtiger war – waren dank großzügiger Spenden westdeutscher Partnergemeinden oft besser ausgestattet. So ließen sich manche Partei- und Staatsfunktionäre lieber in einem konfessionellen Krankenhaus behandeln als in einem staatlichen. „Es ging in der Krankenhausarbeit darum, möglichst gute Pflegeverhältnisse für Schwestern und Patienten zu erreichen und nicht die Mangelwirtschaft weiter zum Maßstab werden zu lassen. Hätten wir uns immer nach dem gerichtet, was staatlich als Maßstab gesetzt war, wäre wahrscheinlich die Qualität der Betreuung in unserem Krankenhaus eine wesentlich niedrigere gewesen", schreibt Ulrich Scheel in seinen Erinnerungen. „Als besonderen diakonischen Auftrag verstanden wir, die uns mögliche Bereitstellung von Materialien und Arzneimitteln allein zum Wohle der Patienten einzusetzen."[63]

Schwierigkeiten bereite die Ausbildung des pflegerischen Nachwuchses. Da es keine eigene Fachschulausbildung der kirchlichen Einrichtungen geben durfte, wurde nach langwierigen Verhandlungen eine Regelung getroffen, der den Berufsabschluss der Schwesternschülerinnen der Diakonie als Fachschulabschluss anerkannte und den staatlichen Abschlüs-

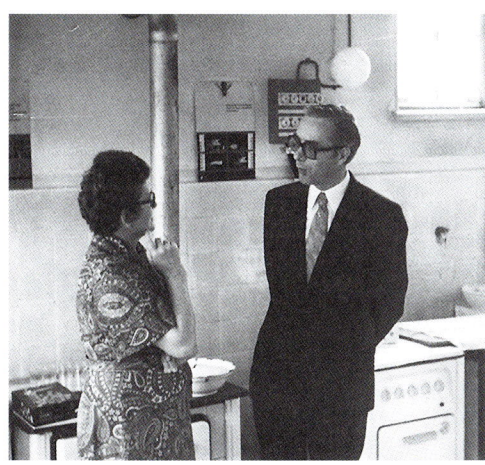

Kirchenrat Pfarrer Hans-Dietrich Schneider war Vorsitzender der Prüfungskommission und späterer Kuratoriumsvorsitzender

sen quasi gleichstellte. Ein ähnlicher Verhandlungsmarathon wiederholte sich, als in der DDR 1973 die Medizinischen Fachschulen eingeführt wurden. Auch in den anderen Ausbildungszweigen konnten die diakonischen Einrichtungen lediglich Nachwuchs für den eigenen Bedarf ausbilden. In Teltow neben der Krankenpflege in der Heilerziehungspflege und auch in der Wirtschaftsdiakonie, in Dresden in der Verwaltungsdiakonie usw.

Die Schwesternschaften

Gegen Ende des Jahres 1973 – zehn Jahre, nachdem er das Amt des Vorstehers übernommen hatte – zog Pfarrer Ulrich Scheel eine Art Zwischenbilanz. Als die Scheels 1963 nach Teltow kamen, gab es im Haus einhundertfünfundvierzig Diakonissen und fünf Verbandsschwestern. Zehn Jahre später waren es noch neunundneunzig Diakonissen (davon ein Drittel im Feierabend) und fünfzig diakonische Schwestern, von denen aber nur wenige über eine längere Zeit am Haus blieben.

„Die Abnahme der Zahl der Diakonissen führte zur Aufgabe der ‚Außenstationen'", schreibt Rainer Bookhagen über die damalige Situation. „Der Dienst im Krankenhaus Pritzwalk wurde aufgegeben, der Dienst im Evangelischen Krankenhaus in Jüterbog, im Genesungsheim in Bad Freienwalde. Um es zugespitzt zu sagen – die Schwestern wurden im Evangelischen Diakonissenhaus Berlin-Teltow in Teltow gebraucht. Das Entsendungsprinzip, von Anbeginn wesentliches Element eines Diakonissenhauses und seine Verwirklichung 1888 eine Voraussetzung für die Aufnahme des Evangelischen Magdalenenstifts in die Generalkonferenz der Diakonissen-Mutterhäuser, das Entsendungsprinzip konnte nicht mehr durchgehalten werden. Dass diese Veränderung auch an der Schwesternschaft nicht spurlos vorüberging, liegt auf der Hand."[64] Freilich gab es Neuordnungen, die als Reformen aufgefasst werden konnten, neue Ordnungen zu Schwesterntracht und -haube (seit 1970 trugen alle Schwestern unter sechzig Jahren eine neue Haube und als neues Dienstkleid war ein stahlblauer Trägerrock mit weißer Bluse und passendem Bolerojäckchen in Aussicht genommen), zu Schwesternordnungen und Schwesternräten. Aber all das schien eine Frage zu umgehen, die nicht gestellt wurde, die man nicht zu stellen wagte. Weil man die Antwort – im Unterbewusstsein – vielleicht schon kannte? War es möglich, das Diakonissenhaus ohne den Beruf der Diakonisse zu denken? Nahm die Erfahrung, dass der tägliche Dienst immer mehr als Funktion wahrgenommen wurde, als Dienst nicht mehr am Nächsten, sondern für eine Anstalt, eine Einrichtung – nahm diese Erfahrung dem Lebensberuf Diakonisse vielleicht den Sinn? War die Lebensentscheidung für diesen Beruf jungen Frauen noch zumutbar?

„Diese Frage ist nie gestellt worden, oder besser, erkennbar nicht debattiert worden", schreibt Rainer Bookhagen.

Wechsel im Oberinnenamt von Sr. Elisabeth Kästner (1976 – 1988) zu Sr. Regina Köhler (1988 – 2000)

„Es waren wohl dann auch wieder die Dienste, die an jedem Tag zu tun waren, die jedem Tag Sinn gaben und beachtet und bedacht sein wollten."65 Debattiert wurde diese Frage schon – nur nicht öffentlich. An die Öffentlichkeit kam die „Diakonissensache" allerdings in ganz anderer Form und auf unerwartete Weise. „Das Ergebnis der letzten Wochen war", schrieb Ulrich Scheel, im Oktober 1971 in einem Brief, „dass wir plötzlich mit 23 Leuten ‚unseren' Film im DEFA-Studio vorgeführt bekamen." Das Werk, um das es sich dabei handelte, war der DEFA-Film „Der Dritte" in der Regie von Egon Günther. Hauptfigur ist darin die junge Mathematikerin Margit Fließer, Mitte dreißig, gespielt von Jutta Hoffmann. Ihr Leben wird in Rückblenden erzählt. Margit verliert, noch im Kindesalter, ihre Mutter, wird von Diakonissen aufgezogen. Sie selbst entscheidet sich aber später gegen ein Leben als Diakonisse, verlässt ihr Mutterhaus. Sie hat Gründe, sich so zu entscheiden; ihnen geht der Film nach.

1971 war eine Gruppe von Filmleuten aus dem benachbarten Babelsberg nach Teltow gekommen, um sich für die

Szene aus dem DEFA-Film „Der Dritte" – mit Jutta Hoffmann

Szenen, die in einem Diakonissenhaus spielten, fachlich beraten zu lassen. Ulrich Scheel erinnert sich: „Das Drehbuch hatte für die Diakonisse in ihrem Dienst gar keine fassliche Beschäftigung, die Probeschwestern sammelten mit der Oberin nur Kräuter." Damit war der Regisseur nicht zufrieden. Intensive Gespräche zwischen den Schwestern des Diakonissenhauses und den Filmleuten entwickelten sich; schließlich wurde verabredet, dass ein Teil des Films, der die kirchliche Grundlage des Diakonissenlebens zeigte, im Kirchensaal des Diakonissenhauses gedreht werden konnte – nicht mit kostümierten Komparsinnen, sondern mit den Teltower Schwestern selbst. „Aber die eigentliche Änderung im Filmkonzept betraf den Dienst der jungen Diakonisse, dargestellt besonders in dem Gespräch der Oberin mit der Schwester, die um ihre Entlassung aus der Probezeit bittet."

Dass im Film die Arbeit mit geistig Behinderten als neues Thema anklang, war kein Zufall, wurde sie doch in den Jahren der DDR zu einer Kernkompetenz des Diakonissenhauses – eine Arbeit, die besonders viel Einfühlungsvermögen und Zuwendung erforderte, eine Zuwendung, welche die Diakonissen zu geben bereit waren, während staatliche Stellen schnell die Einstufung „bildungsunfähig" vergaben. Erstmalig für die DDR wurde in diesem Film auch eine Zahl öffentlich genannt: 12 000 hirngeschädigte Kinder würden jedes Jahr geboren. Das Diakonissenhaus Teltow nahm das Thema sehr ernst.

Dass in einem Spielfilm die Oberin, gespielt von Erika Pelikowsky, viel Raum bekam, um ihre Ansichten darzulegen, war im atheistischen Umfeld der DDR neu: „Die neue Zeit wird bald die alte Zeit. Aber immer wird der Mensch uns brauchen. Er wartet auf uns und auf das, was wir ihm geben: Hilfe, Pflege, Ruhe, Trost. Arbeiten und mit der letzten Kraft noch Trost bringen – in der schwersten Stunde, die der Mensch hat."

Nach der Studiopremiere von „Der Dritte" resümierte Ulrich Scheel, der Film sei gut geworden. „Kluge Leute. Sie haben sehr auf uns gehört." Am Rande erzählte Egon Günther, dass es ziemlich schwierig gewesen sei, der zulassenden Behörde gerade die Teltower Passagen schmackhaft zu machen. Indes: „Für einige Schwestern waren die saftigen Kussszenen ein bisschen viel und sie störten sich an schlecht sitzenden Hauben."

1975 schlossen sich auch im Diakonissenhaus Teltow die früheren „Verbandsschwestern" – überwiegend Hilfsschwestern und Mitarbeiterinnen, die sich nicht zum Dienst als Diakonisse entschließen konnten – der Schwesternschaft der Diakonischen Schwestern an. Die Diakonische Schwesternschaft hatte sich seit 1970 in der DDR gebildet, als die DDR-Führung alle Gemeinsamkeiten zwischen den Evangelischen Kirchen in West und Ost unterbunden hatte.

Grenzen überschreiten

Von einem Moment auf den anderen war der Schatten weg, den die Mauer seit 1961 geworfen hatte. Die Nacht des

9. November 1989 brachte zum Kippen, was die friedliche Revolution seit den Oktobertagen ins Wanken gebracht hatte. Die Angst war weg. Die Einschüchterung. Das Gebell der scharf gemachten Wachhunde. Auch das Licht war irgendwann weg, das den Grenzstreifen nachts taghell erleuchtet hatte. So paradox es klingt: Das Erlöschen dieses Lichts wurde von den meisten als das Ende einer großen Dunkelheit empfunden. Ein provisorischer Grenzübergang zwischen der Philipp-Müller-Allee und dem Ostpreußendamm in Zehlendorf öffnete zunächst für Fußgänger bereits am 14. November 1989.

Im Adventsgruß an die Mitarbeitenden im Dezember 1989 schrieben Oberin und Vorsteher zuversichtlich: „Wirklich über Nacht hat sich die undurchdringliche Mauer aufgetan, sind Breschen nun plötzlich geöffnete Tore vor uns, wir können frei hindurchgehen. Wir müssen nicht mehr unter uns bleiben. Das ist ein Ausblick …"

Was bedeutete dieser Ausblick? Was sah man? Die bis dahin abgeschnürte Randlage des Diakonissenhauses am Grenzstreifen entwickelte nun eine völlig neue Perspektive: Vermittelnd zwischen Berlin und Brandenburg wirkte das Haus ins brandenburgische Umland hinein und sammelte Energien aus der Großstadt. Und umgekehrt. Selten in der Geschichte war so viel Anfang. Wie genau es weitergehen würde, konnte zum Jubiläumsfest 1991 noch niemand genau sagen. Brandenburgs Sozialministerin Regine Hildebrandt versicherte, dass all die Einrichtungen, für die das Teltower Haus stand, dringend gebraucht würden. Die Menschen hatten in diesen Jahren viele Hoffnungen und viele Fragen. Von der Diakonie wurden Antworten erwartet, obwohl man auch in Teltow mehr Fragen als Antworten hatte.

Manfred Stolpe, Ministerpräsident des Landes Brandenburg und langjähriger Vorsitzender des Kuratoriums, schrieb dem Diakonissenhaus 1991: „Die 150 Jahre Geschichte des Hauses, erzählen die werbende und überzeugende Geschichte des zupackenden Realismus, der in der christlichen Liebe zum

Übergang von der Philipp-Müller-Allee zum Ostpreußendamm

Mitmenschen wurzelt, der angesichts der zuweilen übergroßen Herausforderungen nicht resigniert, sondern im Bedürftigen den Partner erkennt und in seiner Not einen Appell an das eigene Gewissen vernimmt."

Fünfundzwanzig Jahre später gibt es keinen Zweifel, dass die Geschichte des Diakonissenhauses Berlin Teltow Lehnin weitererzählt werden wird.

Anmerkungen

1 EDBTL: 100 Jahre Diakonissenmutterhaus Luise-Henriette in Lehnin, 2011; Karl Michelke: Lutherstift 1883, in: *Frankfurter Geschichten*, Heft 28/IX, 1998.
2 Witt, Gabriele: Beginenhöfe. Die Stiftungen der Johanna und Margareta von Konstantinopel, Gräfinnen von Flandern und Henngau (Regentschaft 1206-1280), Diss., Berlin 2005, S. 5.
3 Vgl. Osten-Sacken, Vera von der: Jakob von Vitrys Vita Mariae Oigniacensis – zu Herkunft und Eigenart der ersten Beginen, Göttingen 2010.
4 Ebd., S. 5 f.
5 Vgl. www.domradio.de/nachrichten/2013-04-16/mit-marcella-pattyns-tod-endet-eine-jahrhundertealte-tradition, abgerufen am 28.11.2015.
6 Zitiert nach: Freiherr vom Stein, Briefe und amtliche Schriften, Bd. 7, S. 455.
7 Ebd., S. 456.
8 Norbert Friedrich, Soziale Fragen und soziale Dienste – das Beispiel der Kaiserswerther Diakonissenanstalt, in: Christian Illian u. a., Anstöße – Festschrift Günter Brakelmann, Berlin 2011, S. 203.
9 Rainer Bookhagen, Die Geschichte des Evangelischen Diakonissenhauses Berlin-Teltow von 1841 bis 1990, unveröffentlichtes Manuskript, Teltow 2014, S. 5. Im Folgenden wird immer wieder auf diese Schrift Bezug genommen.
10 Michel Foucault, Überwachen und Strafen. Die Geburt des Gefängnisses. Frankfurt a. M. 1976, S. 239.
11 Michel Foucault, a.a.O., S. 243.
12 Carl Röhrmann, Der sittliche Zustand Berlins nach der Aufhebung der geduldeten Prostitution, Berlin 1846.
13 Rainer Bookhagen, a.a.O., S. 15.
14 Carl Röhrmann a.a.O.
15 Rainer Bookhagen, a.a.O., S. 16.
16 Ulrike Thoms, Anstaltskost im Rationalisierungsprozess, Stuttgart 2005, S. 223.
17 Rainer Bookhagen, a.a.O., S. 27.
18 Zitiert nach: Rainer Bookhagen, a.a.O., S. 34.
19 1 Fuß preußisch = 31,385 cm.
20 Die Prostitution in Berlin und ihre Opfer. Nach amtlichen Quellen und Erfahrungen, Berlin 1846, S. 201 f.

21 Gerhard Jaeckel, Die Charité, Berlin 2004, S. 361 f.
22 Rainer Bookhagen, a.a.O., S. 34.
23 Ebd.
24 Ebd., S. 42.
25 Zitiert nach Rainer Bookhagen, a.a.O., S. 46.
26 Ebd., Anhang S. CLXXVIII.
27 Ebd., S. 70.
28 Ebd.
29 Rainer Bookhagen, a.a.O., S. 76.
30 Ebd., S. 85.
31 Ebd., S. 88.
32 Vgl. Friedrich Bartel, Die Innere Mission in Pommern im 19. und 20. Jahrhundert, Vortrag, http://www.pommerscher-diakonieverein.de/fileadmin/Redaktionsinhalte/pdv/autoren_ablage/Die_Innere_Mission_in_Pommern.pdf; abgerufen am 26.01.2016.
33 Für die Umrechnung der Mark zum heutigen Euro gibt es verschiedene Berechnungsmethoden. Nach den früher veröffentlichten langen Reihen des Statistischen Bundesamtes entspräche die Mark von 1885 ungefähr 6,50 Euro heutiger Währung.
34 Diakonissenhaus Teltow 1841–1991, Teltow 1991, S. 16.
35 Rainer Bookhagen, a.a.O., S. 94.
36 Annette Lützke, Öffentliche Erziehung und Heimerziehung für Mädchen 1945 bis 1975 – Bilder „sittlich verwahrloster" Mädchen und junger Frauen, Essen 2002, S. 27.
37 Rainer Bookhagen, a.a.O., S. 97.
38 Carola Kuhlmann, „So erzieht man keinen Menschen!", Wiesbaden 2008, S. 11.
39 Ebd.
40 Rainer Bookhagen, a.a.O., S. 105.
41 Ebd., S. 107.
42 Ebd., S. 109 ff. Zitate auf dem Bericht von Max Schultz sind diesem Werk entnommen.
43 Entspricht 37,5 Hektar.
44 Umgerechnet nach Kaufkraftäquivalenten ergäbe das 2015 einen Betrag von 3,5 Millionen Euro.
45 Rainer Bookhagen, a.a.O., S. 129.
46 Ebd., S. 130.
47 Ute Hofmann (Hrsg.): Psychiatrie des Todes. NS-Zwangssterilisation und „Euthanasie" im Freistaat Anhalt und in der Provinz Sachsen Teil 1, Magdeburg 2001, S. 41–57.
48 Schulze, Dietmar: Verwaltungsstrukturen in den historischen Vorläufern des heutigen Bundeslandes Sachsen-Anhalt und ihre

Einbindung in die Durchführung der nationalsozialistischen „Euthanasie", in: ebd., S. 12.
49 Rainer Bookhagen, a.a.O., S. 131.
50 Ebd., S. 132.
51 Ebd., S. 133.
52 Ebd., S. 134.
53 Ebd., S. 137.
54 Auskunft zum Forschungsstand erteilte Dr. Uwe Kaminsky, Ruhr-Universität Bochum, Fakultät für Evangelische Theologie.
55 Ebd., S. 135.
56 Rainer Bookhagen, a.a.O., S. 188.
57 Ebd., S. 189.
58 Ulrich Scheel, 30 Jahre Erlebtes in Teltow – im Angesicht der Mauer, Typoskript, S. 21.
59 Rainer Bookhagen, a.a.O., S. 193.
60 Ulrich Scheel, 30 Jahre Erlebtes in Teltow, Typoskript, S. 33 f.
61 Rainer Bookhagen, a.a.O., S. 191.
62 Ulrich Scheel, a.a.O., S. 92 f.
63 Ebd., S. 11.
64 Ebd., S. 194.
65 Ebd., S. 195.

Literaturnachweis

Beier, Stefan (Redaktion): 100 Jahre Diakonissenmutterhaus Luise-Henrietten-Stift in Lehnin, Unna o. J.

Bericht über die I. Tagung des Kaiserswerther Verbandes, in: Der Armen- und Krankenfreund, 68. Jg., 1916, S. 228–235.

Bericht über die II. Tagung des Kaiserswerther Verbandes, in: Der Armen- und Krankenfreund, 72. Jg., 1920, S. 1–10.

Bookhagen, Rainer: Die Geschichte des evangelischen Diakonissenhauses Berlin-Teltow von 1841 bis 1990, (Manuskript), Teltow 2014.

Burgwitz, M.: Missionsdiakonie. Eine Studie über den Diakonissendienst in der Äußeren Mission unter besonderer Berücksichtigung der Kaiserswerther Generalkonferenz zum 100jährigen Bestehen der Arbeit, Diss., Halle-Wittenberg, 1940.

Büttner, Annett: Diakonissenhaus Dresden. 1844–2014, Essen 2014.

Coenen-Marx, Cornelia: Ökonomie der Hoffnung: Impulse zum 200. Geburtstag von Theodor und Friederike Fliedner, Düsseldorf 2001.

Diakonissenbuch, Düsseldorf-Kaiserswerth, 1935.

Die Prostitution in Berlin und ihre Opfer. Nach amtlichen Quellen und Erfahrungen, Berlin 1846.

Felgentreff, Ruth: Profil eines Verbandes, 75 Jahre Kaiserswerther Verband, Hrsg. Kaiserswerther Verband, 1991.

Fliedner, Louise: Kaiserswerther Erinnerungen, Kaiserswerth o. J.

Fliedner, Theodor: Erster Jahresbericht über die Diakonissenanstalt zu Kaiserswerth, 13. Oktober 1836 bis 1. November 1837.

Foucault, Michel: Überwachen und Strafen, Frankfurt a. M. 1976.

Friedrich, Norbert: Der Kaiserswerther. Wie Theodor Fliedner Frauen einen Beruf gab, Berlin 2010.

Friedrich, Norbert: Soziale Fragen und soziale Dienste – das Beispiel der Kaiserswerther Diakonissenanstalt, in: Christian Illian u. a., Anstöße – Festschrift Günter Brakelmann, Berlin 2011.

Kuhlmann, Carola: „So erzieht man keinen Menschen!" Lebens- und Berufserinnerungen aus der Heimerziehung der 50er und 60er Jahre, Wiesbaden 2008.

Lisco, Friedrich Gustav: Das wohlthätige Berlin, Berlin 1846.

Lützke, Annette: Öffentliche Erziehung und Heimerziehung für Mädchen 1945 bis 1975 – Bilder „sittlich verwahrloster" Mädchen und junger Frauen, Diss., Essen 2002.

Müller, Brigitte: Spuren. Zur Geschichte der Kaiserswerther Diakonie, Kaiserswerth (Selbstverlag) 2000.

Osten-Sacken, Vera von der: Jakob von Vitrys Vita Mariae Oigniacensis – zu Herkunft und Eigenart der ersten Beginen, Göttingen 2010.

Radtke, Wolfgang: Armut in Berlin. Die sozialpolitischen Ansätze Christian von Rothers und der Königlichen Seehandlung im vormärzlichen Preußen, Berlin 1993.

Röhrmann, Carl: Der sittliche Zustand Berlins nach der Aufhebung der geduldeten Prostitution, Berlin 1846.

Schauer, Hermann: Frauen entdecken ihren Auftrag. Weibliche Diakonie im Wandel eines Jahrhunderts, Göttingen 1961.

Schmidt, Jutta: Beruf Schwester. Mutterhausdiakonie im 19. Jahrhundert, Frankfurt a. M. 1998.

Schmidt, Theodor: Von der Generalkonferenz zum deutschen Verband, in: Der Armen- und Krankenfreund, 68. Jg., 1916, S. 147–157.

Sommermeyer, Ruth100 Jahre Diakonissenmutterhaus Luise-Henriette-Stift, Lehnin (Selbstverlag), 2011.

Sticker, Anna: Die Entstehung der neuzeitlichen Krankenpflege. Deutsche Quellenstücke aus der ersten Hälfte des 19. Jahrhunderts, Stuttgart 1960.

Sticker, Anna: Und doch möchte ich nur meinem Sinn folgen. Friederike Fliedner, Stifterin der Kaiserswerther Diakonissenanstalt, Offenbach 1986.

Thiele, Friedrich: Diakonissenhäuser im Umbruch der Zeit: Strukturprobleme im Kaiserswerther Verband deutscher Diakonissenmutterhäuser als Beitrag zur institutionellen Diakonie, Stuttgart 1963.

Thoms, Ulrike: Anstaltskost im Rationalisierungsprozess, Stuttgart 2005.

Witt, Gabriele: Beginenhöfe. Die Stiftungen der Johanna und Margareta von Konstantinopel, Gräfinnen von Flandern und Henngau (Regentschaft 1206–1280), Diss., Berlin 2005.

Wolff, Martin: Diakonie pragmatisch. Der Kaiserswerther Verband und Theodor Fliedner, Neukirchen 2007.

Wrede, Richard: Die Körperstrafen bei allen Völkern von den ältesten Zeiten bis auf die Gegenwart, Dresden 1898.

Bildnachweis

Andreas Praefcke, creative commons 3.0: 25
Banknoteworld.com: 30
Beek 100, creative commons 3.0: 46
Bildarchiv Evangelisches Diakonissenhaus Berlin Teltow Lehnin: 7, 8, 10, 11, 12, 13, 14, 15, 16, 17, 18, 19, 20, 21, 22, 81, 93, 97, 113, 118, 119, 122, 132, 134, 138, 140, 141, 142, 144, 146, 148, 150, 154, 155, 158, 163, 165, 169
DEFA-Stiftung/Ingo Raatzke, Heinz Wenzel: 166
NobbiP, creative commons 3.0: 86
OpenStreetMap-Mitwirkende: 43 rechts, 49 rechts, 80 unten, 97 unten
Public domain: 31, 33, 34, 40, 43 links, 49 links, 63, 80 oben, 100, 104